鳩山友紀夫
孫崎 享
前川喜平
植草一秀

「なんでも官邸団」に成り下がった政財官を斬る！

# 出る杭の世直し白書

ビジネス社

# はじめに　その1

## 出る杭は打たれるが正論を言い続ける勇気

鳩山友紀夫

この本は現在の政財官界からは必ずしも「ういやつやのう」と思われていない四人の世直しのための叫びである。

一人は孫崎享。彼は日本の国益に合致していない場合には、アメリカからの要求に従う必要はないと正論を述べて、対米従属路線の政権や外務省から疎《うと》んじられている。

もう一人は前川喜平。彼は詰め込み教育より真のゆとり教育のほうが子どもは伸びると信じており、また国家のために滅私奉公するための道徳の教科化に反対したなどして政権から疎んじられている。

さらにもう一人は植草一秀。彼は小泉内閣による「聖域なき構造改革」を批判し、新自由主義的経済政策を批判し続けているため、政権から疎んじられている。

そして私。私は普天間基地の移設問題で少しでも自立した日本を目指そうとしてアメリカと外務省の反感に遭い、あえなく沈没した。

ある意味で彼らはそれぞれの世界において、規格外の人物であったのかもしれない。それに関して、私の小学校の同級生で元高知県知事を務めた橋本大二郎氏がかつて面白いことを言っていたのを思い出す。彼は、政治家らしい人が政治家になり、官僚らしい人が官僚になり、財界人らしい人が財界に入り、先生らしい人が先生になって、今の日本はこのザマではないか。だからこれからは、政治家らしくない人が政治家になり、官僚らしくない人が官僚になり、財界人らしくない人が財界に入り、先生らしくない人が先生にならなければならないのだ、と言ったのだ。

２００９年の民主党政権に対する国民の期待は、自民党の長期政権で「らしい人」ばかりが政官業の癒《ゆ》着《ちゃく》のなかで甘い汁を吸うことを繰り返していたことに対する国民の不満のはけ口であったのかもしれない。私および民主党が国民の不満を十分に払しょくさせることができずに、再び自民党の政権に舞い戻り、以前よりも強烈に政治家も官僚も財界もメディアも学界も官邸を忖度《そんたく》する社会が形成されてきてしまった。まさに日本が「なんでも官邸団」と化してしまった。そのことの責任を痛感せざるをえない。

責任を果たすために何をなすべきか。それは「なんでも官邸団」に「ういやつ」と思われていない「らしくない」人々を結集して、国民本位の、とくに必ずしも現政権の政策の下で恵まれていない人々に、あるべき日本の未来像を示して、行動をともにすることを呼びかけることから始めるべきではないかと思う。自分としてはその最初のステップとしてこの座談会が企画されたのだと解釈する。

この座談会を通じて明らかになったのは、当然でもあるが政権に対する痛烈な批判である。批判を挙げたらきりがないが、とくに前川喜平氏は、コロナ対策として安倍総理が行った一斉休校は、感染拡大阻止に効果がなかったばかりでなく、児童虐待や自殺が急増して非常に弊害が大きかったと話された。また、孫崎享氏はいったん馬鹿な指導者が出てくると、国家も役所もそれがずっと続く、今の日本がそうであると喝破された。植草一秀氏は政府の原発推進の動きを心配して、耐震設計基準が低いままに放置されていることが極めて問題であると指摘された。政府のコロナ対策に関しては、「後手後手」、「小出し」、「右往左往」とこき下ろした。このような発言をするので、彼らは政権を忖度するメディアから遠ざけられるのである。しかし、どちらに真実が宿っているかは、読者はおわかりと思う。

さて、コロナ禍を超えて日本のあるべき姿であるが、ここでは外交政策、環境エネルギー政策、経済財政政策、教育政策、政治と行政の問題を論じた。それぞれ大きな政策転換が必要であることが四人の共通認識となった。

外交政策においては、今のような対米従属を続けていけば、米中対立の構図のなかで日本は大変なコストを払わなければならなくなるので、早く対米自立の方向に舵を切らなければならないということなどである。

環境エネルギー政策においては、原発依存から早く脱却して、２０５０年までに再生可能エネルギーを中心にカーボンニュートラルの日本を実現することであり、それは可能であるということなどである。

経済財政政策については、日本は借金もあるが資産も十分あるので、現在のデフレを脱却するためには、さらに借金をしてでも積極的な財政出動を行うべきであるということなどである。

教育政策については大きな改革が求められ、義務教育は子どもの権利との発想で、不登校の子どもたちのためにも、学校外の義務教育も認める多様性のある教育制度をつくる必要があることなどである。

政治と行政の再建に関しては、平気で嘘をつき隠蔽《いんぺい》する官邸の意のままに行動する政界、官界、財界、学界、メディアの忖度政治を打ち破るには、忖度社会の外に置かれているみんなが参加し、みんなが徹底的に議論して物事を決めていく新しい政治を興すことしかないとの結論である。

ここで私は外交と環境エネルギーにおける日本の近未来像について、若干付言しておきたい。

まず外交であるが、今後しばらく続く米中の対立の時代において、日本が一方の米国の側に立つのではなく、米中の間に入り両者が協力する道を歩むことができるように、仲介の労を取るべきと思うのである。

1つは情報通信の分野における協力の道をつくることである。米政権は安全保障を理由にして、情報分野で中国企業を締め出しているが、米国がデカップリングを進めれば、中国は双循環で対抗して、ブロック化が進む恐れがある。それは日本や世界の人々にとって決して嬉しいことではない。そこで日本が、あるいは韓国や欧州のミドルパワーと協力して、情報通信分野で米中が1つの国際標準をつくるために彼らの背中を押すのである。また、合意した基準が守られているかを監視する機関を設置することをうながすのである。

もう1つは東アジアのミサイル軍縮を追求することである。中距離ミサイルに関しては圧倒的に優位に立っている中国に対抗して、INF条約を離脱した米国は、今後東アジアに中距離ミサイルを配備することになるだろう。しかし、そうすれば中国やロシアも追随《ついずい》する可能性があり、東アジアが世界の火薬庫になる悪夢のシナリオが現実性を帯びてしまう。そうならないためにも、米中ロが参加するアジア版のINF条約が急務であるが簡単な話ではない。そこで、日本は米国が日本へのミサイル持ち込みを求めてきたときに反対をし、その間に中国に米国との間のミサイル軍縮交渉に臨むことをうながすのである。韓国やASEAN、さらには欧州のミドルパワーとも連携が取れれば、米中への大きなレバレッジとなるであろう。

このような外交における存在感を示すことができるような日本にしなければならない。いつまでも世界に馬鹿にされるような日本の外交から脱却すべきである。

環境エネルギーでは、日本はブルーカーボンの分野において大きな存在感を示すことができると確信している。グリーンカーボンが地上の森林などの植物による二酸化炭素固定であることに対して、ブルーカーボンとは海中におけるアマモやコンブなどの海洋植物による二酸化炭素固定のことを指す。私どもは森林には関心を向けるが、海洋植物にはあまり関心を向けてこなかったが、実際には森林以上に海洋植物のほうが大量に二酸化炭素の固定を行っていることが明らかになった。日本は海洋国家である。地球温暖化対策として、日本は世界に先駆けてブルーカーボンに関してリーダーシップを発揮すべきではないか。そのとき、日本は地球環境問題の最前線に躍り出ることが可能となるであろう。

コロナ禍を通じて、世界は大きく見直されかけてきている。今までの常識がそのまま通用するかわからない時代となってきている。そのような時代にもかかわらず、日本は旧態《きゅうたい》依然《いぜん》としたシステムで良いのか。そうではないだろう。であるとすれば、ただ漫然と傍観者でいるのではなく、老若男女を問わずみんなで参加して新しい時代を切り開いていこうではないか。そのためのあるべき方向性を指し示す1つの手掛かりにこの本がなれば幸いである。

なお、本書の校正作業中に「菅総理、総裁選不出馬」のニュースが飛び込んできた。新しもの好きの国民が新総裁に期待するのだろうが、期待があっさり裏切られなければいいが。

## はじめに　その2

# あるべきことを述べられない社会には衰退が待っている

孫崎享

本書は、鳩山友紀夫氏、前川喜平氏、植草一秀氏、そして私の四人で行った対談集です。

もし日本が正常な国の情勢でしたら、この四人が集まって語るということはなかったでしょう。鳩山友紀夫氏は1986年の衆議院議員選挙で立候補されて以来、政治の道を歩まれてきました。前川喜平氏は1979年に文部省に入省されて以来、文部科学行政に携わってこられました。植草一秀氏は1983年に大学卒業以降、大学、研究所で日本経済のあり様を進言されてきました。私は1966年外務省入省以来、国際情勢を見てきました。四人は、活動の母体も異なれば、主要関心事項も異なります。日本が正常な国の情勢でしたら、この四人が集まって語るということはありえないのです。

しかし四人が集まり対談し語り合った。それは現在の日本が異常な状態にあるからです。

後世、日本の歴史家がこの時代を眺めたとき、「日本が没落の一途をたどっているのに、当時の人は何をしていたのか」「コロナに対応するのに、ワクチン、ソーシャル・ディスタンスなど総合的対応をすべきであったのに、なぜできなかったのか」「日本の経済力がどんどん競争力を喪失していくなかで、政界・官界・経済界、学界等は何をしていたのか」「中国が米国を追い抜くという歴史の大転換期に、日本は本来なら力をつけてくる中国との協調を模索すべきであるのに、なぜ反中同盟の方向に行ったのか」等が問われるだろうと思います。

上記の問題を考えるにつれ、私は「今日、日本社会のすべての分野で、あるべきことを述べられない」空気が蔓延《まんえん》していることが最大の要因であろうと思います。

日本社会、日本人の特性についてイザヤ・ベンダサンが『日本人とユダヤ人』という書籍のなかで、「日本の稲作は、気候の点で無理があるから否応なし、待ったなしの緻密《ちみつ》な計画のもとに手ぎわよくやらねばならない。一月に苗代、梅雨期に田植え、台風前の結実、秋の快晴に取り入れといったスケジュールは崩せない」「中世の日本では人口の八十五パーセントが農民。国民のほぼ全員が一千数百年にわたってこういう訓練を受け続けてきたわけである」と記載しています。

元駐日大使のライシャワーも「日本で必要とされたのは、水資源を小さな集団間でどう分かち合い、そのためにどう力を合わせていくかであった。このような協力が何世紀にも継続されたことが、集団志向や、集団行動に走りがちな性向を強めたとする見方も、あながち根拠のないものではないかもしれない」と記しています。ここでは方向性の探求はない。方向は所与のものです。求められるのは与えられた方向に一丸となって進むことのみです。

こうした集団的行動をとる社会に、安倍、菅政権が誕生し、自分たちの利益に反する発言する者の社会的基盤を奪うという行動をとり、それを公然と正当化し始めました。その極にあるのは菅義偉氏です。彼は、2019年9月、自民党総裁選に立候補し、フジテレビ番組で政権の決めた政策の方向性に反対する幹部は「異動してもらう」と強調しました。そして現に安倍・菅政権は政界、官界、報道界、学界に「異動してもらう」、つまり反対者の活動の基盤を奪う行動を繰り返します。

こうした動きは、日本が順風満帆《じゅんぷうまんぱん》で進む時であればいい。しかし今コロナという脅威が人類を襲っています。激しい技術革新のなか、この動きについていける国とついていけない国の峻別が行われています。このなかで、過去の延長線上だけでは日本は没落していく一方です。今後の行き先を真剣に論議しなければならない時に、政権は言論の抑圧を行っているのです。

鳩山友紀夫氏、前川喜平氏、植草一秀氏そして私の四人がどうして一緒になって議論するようになったかの詳しい経緯は知らない。だが、この四人が話し合う意義はあると思います。

四人に共通するのは、何らかの理由によって、各々が従来活動してきた場を追われたことです。多分、各々が「日本にとってあるべき指針を述べたことが追われた主因である」と認識していると思います。

私はロシア・ソ連の政治を見てきました。イラクやイランの政治を見てきました。これらの社会において、どれだけ多くの人々があるべきことを主張し排除されてきたか。同時にこうした排された人々の上に、新しい変化が生じてきたのも見てきました。

お読みいただければわかる通り、四人は決してとんでもないことを述べているわけでない。特に鳩山友紀夫氏、前川喜平氏、植草一秀氏が述べている国内政治のあり様は、本来なら日本の政治家、官僚、学者、ジャーナリストが当然主張すべき点です。では、こうした発言が日本の政界やマスコミや出版物の主張となっているか。なってはいません。

私が読者に望むことは何か。それは個別の議論の理解ではない。ここに展開される論議が日本の表社会にはほとんど出てきていないことを認識していただきたいということです。あるべきことを述べられない社会には衰退があるのみです。

## 第1章　新型コロナ対策は機能したのか



## 第2章　米中対立に拍車をかける日本の外交

## 第3章 脱炭素と原発政策

## 第4章 日本の財政と経済政策



## 第5章 変わりゆく教育

## 第6章 政治と行政の再建

第1章

# 新型コロナ対策は機能したのか

## 「後手後手」「小出し」「右往左往」という政府のコロナ対策

**鳩山**　ＷＨＯ（世界保健機関）が新型コロナウイルスのパンデミック（世界的な大流行）を宣言したのは２０２０年3月11日でした。日本でもコロナ感染が広がり、対策として当時の安倍（晋三）政権は４月に最初の緊急事態宣言を、後継の菅（義偉）政権も２０２１年1月から9月まで3回の緊急事態宣言を出しました。コロナ感染者数が増減を繰り返すなか、日本政府は東京で合計４回もの緊急事態宣言を出す羽目に陥ったわけですが、感染の収束はまだまったく見通せない状況です。

**植草**　私は菅政権のコロナ対策三原則を「後手後手」「小出し」「右往左往」と表現してきました。観光業向けのＧｏＴｏトラベルや飲食業向けのＧｏＴｏイートというＧｏＴｏキャンペーンの止め方も後手に回り、ＰＣＲ検査の拡大、ワクチンの確保、コロナの変異株への対応なども遅かった。また、そうした対策は小出しで、しかもＧｏＴｏキャンペーンによって感染拡大にアクセルを踏み、非常事態宣言やまん延防止等重点措置によってブレーキを踏むといったことを繰り返し、右往左往していると感じています。

**鳩山**　「後手後手」「小出し」「右往左往」とは非常にうまいまとめ方ですね。コロナの感染対

## 菅コロナ三原則＝後手後手・小出し・右往左往

### 1. 後手後手

**Go To停止**＝11/21からの三連休焦点→12/28までGo Toトラベル
**緊急事態宣言発出**＝1/7首都圏4知事要請を受け　4/25緊急事態宣言も後手
**水際対策の致命的遅れ**＝英国変異株対応1/13　インド変異株対応5/1

### 2. 小出し

**Go To停止も小出し**＝感染地からの旅行制限せず
**限定的緊急事態宣言**＝感染地からの人流爆発
**水際対策の核心を排除**＝感染が確認されたら対応の方針

### 3. 右往左往

**感染拡大推進と感染抑制の間で右往左往**

策は初動が一番大事であって、初動からミスを続けてきたのが政府だといわざるをえません。本来なら徹底的にＰＣＲ検査を行う必要がありました。全国のすべての人にＰＣＲ検査を行って、感染している人、陽性の人とそうでない人を分けて、陽性の人には徹底した隔離を行う。入国のときも同じことをすべきでした。

しかも一方では、安倍政権も菅政権も経済が大事だということで、少しでも感染者数が減ると、ＧｏＴｏキャンペーンなどを強行して、結果として感染を拡大させてしまった。

**前川**　ＧｏＴｏキャンペーンにはきちんとした科学的検証が不可欠でしょうが、常識的に考えて感染を拡大したことは間違いありません。また、これまで「人の流れ」という言葉はあったものの、国語辞典にも載っていない「人流」という言葉を使って政府は「人流を抑える。そのためにはお酒を出すな」といっていますが、違和感を禁じえません。

**鳩山**　やはり最初にきちんと徹底したロックダウン（外出や行動の制限措置）を少なくとも1カ月行えば、感染をほとんど止められたのではないでしょうか。そうしなかったことは致命的なミスです。だから徹底検査、徹底隔離、徹底封鎖をある程度の期間行って、徹底的にコロナを封じ込め、それから経済を活性化させていくことが望ましかった。別の言い方をすれば、徹底検査、徹底隔離、徹底封鎖でコロナを最小限に封じ込めてから、そこで経済に力を入れても感染は拡大せずに経済もうまく回る可能性は高かったのです。すべてに不徹底なために、いまだに経済が回復しないのです。

今後、多くの国民にワクチンが接種されることによって感染にも歯止めがかかっていくでしょうが、それでもコロナが絶滅することにはなりません。ワクチンについても効果を過大に期待せずに、感染をしても発症が軽度で済むくらいに考えておいたほうがいいでしょう。それにワクチンの効果は何年も持つのではなく、せいぜい半年くらいだと思います。

感染が収まりそうだからといって人流を増やす方策を行うと、結果として感染は再拡大していくでしょう。どこかの国のように日本でもワクチンを済ませれば安全だと、マスクをしないであちこち外出して、どんちゃん騒ぎをする。こうなるとコロナ感染の大きな危険にさらされ

## 政府が果たすべき五つの責務

**1. 検査の徹底的拡充**

無症状感染者が感染を拡大する
急激に重篤化する感染者が存在する

**2. 陽性者の行動抑止**

感染者を隔離し、感染拡大を阻止することが重要
入院ないし宿泊療養施設での保護が必要

**3. 正確なコロナリスクの周知**

恐怖を煽るのではなく正確な情報を開示

**4. すべての国民の生活保障**

最重要の経済政策対応はすべての国民の生活を守ること
生活保障法制確立の必要性

**5. 重篤化リスクの高い人の保護・病床確保**

救急患者に救急医療を行えない医療破綻を招来
医療マネジメント破綻=国公立病院・国公立大学病院病床不足

てしまうのです。

**植草**　コロナ対策での政府の一番の基本が検査と隔離というのは、WHOも最初から言及してきたことです。しかし日本政府は現在に至るまでその基本を無視し続けています。というのも、私は国立感染症研究所、衛生研究所、保健所を「検査利権村」と呼んでいますが、検査利権村だけで検査を独占しようという意向が非常に強く働いてきたからです。基本の無視は、国民の公衆衛生や福利厚生よりも官僚組織の特定の利権を優先してきたことの象徴だと思います。

**前川**　少なくともワクチンのない

状況ではとにかく検査をして隔離をすることしか有効な方策もなかったでしょう。検査と隔離を大規模に広めるべきでした。

私は文部科学省出身ですけれども、文科省にもコロナ対策のリソースはけっこうあるのです。厚生労働省だけにコロナ対策を任せるのではなく、文科省が大学に協力を呼びかければ検査の数も相当増えたはずです。ところが、そのようなオール政府での取り組みをしてきませんでした。

これには厚労省の医系技官の縦割りの弊害という問題もあったでしょう。たしかに厚労省には感染研を中心とする感染症対策の一種の専門家集団がいます。しかし、それは範囲の狭い特定の専門家集団なので、視野が広いとはいえません。実は感染症の幅広い分野にそれぞれの専門家が日本中の大学にたくさんいるわけです。コロナは人獣共通感染症ですが、その専門家だって日本の大学には少なくないのに、厚労省関連の専門家集団には人獣共通感染症の専門家は漏れてしまっています。

経済に関しては、ピンポイントで感染の温床になるようなところの活動を抑え、その代わりに補償をしっかりしなければならないでしょう。政府も持続化給付金や休業への協力金を出していますが、金額はきわめて不十分だと思いますね。

**植草**　コロナ対策でのもう1つの焦点はコロナ患者を受け入れる病床の確保です。病床が十分に確保できないため、コロナの感染拡大によって医療崩壊が大きな問題になりました。

もともと日本のコロナの感染者数や死者数は、欧米に比べると圧倒的に小さい。一方で、日本の人口当たりの病床数そのものが世界でもかなり多いほうだといわれています。にもかかわらず医療崩壊が起きるのは、やはりコロナ病床を確保しなかったことに最大の原因があると思います。

ただし民間病院の場合、コロナ患者を受け入れると他の患者が来なくなって病院の経営が成り立たなくなるという事情があります。もし政府が病床確保を民間病院に要請するなら、相応の適切な補償が必要だったのです。それを十分に示さないため、民間病院での病床確保がなかなか進んでこなかったのです。

**前川**　コロナの重篤患者のための医療体制も、やはり中心となるのは大学病院です。大学病院でのコロナ患者受け入れを文科省が政策的に行った形跡はほとんどありません。使命感を持った大学が「これは自分たちがやらなければならない」と率先してコロナ患者に対応してきただけでした。典型的な例が東京医科歯科大学でしょう。ここは２０２０年２月の段階で国立大学としての使命だと採算を度外視して、コロナ患者受け入れのシフトをつくったのです。当時の東京医科歯科大学の執行部には非常に高い使命感がありました。

一方、同じ国立大学でもひどかったのは北海道の旭川医科大学です。学長自らが「患者を引き受けない」といいきりました。旭川市の病院では院内クラスターが生じてしまいました。これもやはり病床確保のための政府の姿勢がはっきりしていなかったからだと思います。

**植草**　前川さんが提案されたように国公立病院、国公立大学病院である程度まとまった数の病床を確保すれば、病床不足もかなり解消できたはずです。東京医科歯科大学病院のような例を別にすると、東京大学医学部附属病院でさえコロナ患者を受け入れる病床が少ない。本来、コロナ患者の病床確保は最重要の医療マネージメントの施策として首相官邸が政治の指導力を発揮して行うべきでした。それがこれまでほとんどできていないし、今でも同様です。さらに宿泊療養施設の確保も不十分で、自宅に放置され、必要な医療を受けることができないまま亡くなる方が多発した現実に対する政府の責任は万死に値します。

**孫崎**　コロナを世界的な重大問題ととらえたうえで、対策には大きく2つあったと思います。1つは、ソーシャル・ディスタンスというか人的な接触を減らすこと。もう1つはワクチンです。2つの対策を世界的にもう少しうまく運営すれば全体のコロナ感染がかなり軽減されたと思うのです。

日本においてもコロナ対策においては何をどうするか、政府内で非常に真剣に議論されなければいけなかった。議論が不十分だったために、植草さんが述べているように「後手後手」「小出し」「右往左往」ということになってしまいました。

たとえば感染者をどうするかを決めることでも、今のところ対策推進本部や協議会などの表に出てくるような人よりもしっかりした大学教授がいると思うのですが、いかがでしょうか。そのような人たちは表に出てこず、基本的には官邸の望む発言をするような特定の人が政府に登用されています。

目下、日本は大きな曲がり角に立っていて、現在のあり様でいいのかどうかについて真剣に議論しなければいけない。ところが、今回のコロナでもわかるように真剣な議論の場が失われてしまっています。

もっと普遍的な言い方をすると、現在の政治において日本のあるべき姿の議論がほとんどなされず、官邸が指導して政策を遂行することに対しての疑念というものも排除されてしまっていることです。これは日本の政治のあり方を考えるときに非常に心配な点です。

## 新型コロナウイルスの発生地は本当に中国の武漢なのか

**植草**　一般的にはコロナは２０１９年12月に中国の湖北省武漢市で発生して世界に広がっていったとされています。けれども実はコロナがどこで発生したかというのは依然として不明なのです。武漢にはアメリカの軍人がたくさん来たという事実もあって、それとコロナとの因果関係を推測する見方もあります。

**鳩山**　トランプ大統領にしてもバイデン大統領にしても、中国を叩くために格好の材料だということで、コロナを武漢ウイルスだとさかんにいうわけです。果たして本当にそうなのか。

私は2019年9月に武漢大学で「アジア新時代における平和構築への日中協力」というテーマで、武漢大学の学生たちを前にして講演をしました。その時期、学生たちは、「来月、武漢で軍人の国際陸上大会が開かれる。アメリカからも来るんだ」と、非常に沸き立っていました。アメリカの軍人は他国の軍人よりも優れていて、大会ではアメリカの軍人の金メダルラッシュになるだろうといわれていたのです。

ところが、後でその大会の結果を聞いたところ、アメリカの軍人は1個も金メダルを取れないまま帰国していったとのことでした。それで中国では、「アメリカの軍人たちはいったい何をしに来たのだろう?」という噂が立ちました。このことから、どうもコロナが中国から出たウイルスだとは簡単に片づけられない可能性もあるのではないかとも感じられます。

また、アメリカの軍人を乗せた船がベトナムに寄港して、中国には寄港せずに帰国中に艦内に感染が広がっていたという話も聞きました。いずれにせよ、コロナについては中国犯人説を政治的に利用しているような政治勢力があるのは確かです。およそ100年前に世界で猛威を振るったスペイン風邪も、実際にはスペイン発ではなくアメリカ発だということが今では明らかになっています。

**植草**　２０１９年10月18日にニューヨークのザ・ピエールというホテルでイベント２０１が開催されました。今でもネットでイベント２０１のダイジェスト版である約24分の動画を閲覧できます。そこには、新たなコロナのパンデミックが現実に起こったかのようなＣＮＮを模したニュース報道でのシミュレーション映像も含まれており、マイク・ライアン氏というＷＨＯの感染症対策の責任者も出演しています。

このイベントに関与していたのは、ＷＨＯのほかＣＤＣ（アメリカ疾病予防管理センター）やＣＣＤＣ（中国疾病予防管理センター）、ジョンズ・ホプキンス大学、ビル＆メリンダ・ゲイツ財団などでした。

２０１９年10月ですから、もちろんまだ実際のコロナのパンデミックは起こっていません。逆にいうと、このシミュレーション映像とまったく同じようなことが半年後にコロナのパンデミック宣言として現実化したのでした。

このイベントにもっとも資金を出したのはビル＆メリンダ・ゲイツ財団と見られています。いうまでもなくビル・ゲイツ氏はマイクロソフトの創業者です。また、このビル＆メリンダ・ゲイツ財団は実はワクチンメーカーに対する最大の資金提供者でもあります。

ウインドウズという基本ソフトやオフィスという事務用応用ソフトで収益を上げるのが、マ

## コロナ・コンスピラシー

## 巨大なワクチン利権

**1. ワクチンメーカーCEOの株式売り抜け**

ファイザーなどのCEOが株式高値売り抜け
ワクチンが長期的に有用なら売り急ぎは不自然

**2. ビル・ゲイツの2010年TEDトークでの講演**

「現世界の人口は68億人です。90億人程度まで増加します。
しかし新ワクチンや保健医療、生殖関連で十分な成果を収めれば
おそらく10%から15%に抑えることができるかもしれません」

**3. ワクチンよりはるかに効率的な治療薬**

治療薬は感染者が投与の対象
ワクチンは全人口が投与の対象

**4. 安全対策を省略したワクチン**

ワクチンで最重要の第三相治験が十分行われていない
事故発生時の損害賠償責任が免責されている

イクロソフトのビジネスモデルで、ウインドウズやオフィスは世界中のビジネスシーンで活用されています。

一方、感染症の治療薬は感染者だけが販売対象ですが、ワクチンは世界の全人口が販売対象になります。非常に広範な販売対象に製品を提供するという意味で、マイクロソフトのビジネスモデルとワクチンのビジネスモデルには共通点があります。

仮定の話にはなりますが、もしコロナウイルスが何らかの形で人為的につくられたのだとすれば、その大きな目的にワクチンによって巨大な売上げを確保するということがあっても、おかしくありません。このことをどこまで検証ができるかはわかりませんが、そうした疑いがある以上、やはり今回のコロナについては、どういう経緯で生まれきたのか、本当に自然由来の発生なのかなどを探っていかなければならないと思っています。

**鳩山**　コロナの発生源を知ることは、当然ながら今後の感染症防止のためにも大きな意義があると思います。ただし、コロナが依然として収束していないのですから、今は世界的な協力のなかでいかにしてコロナを封じ込めていくかということがもっとも大事です。世界的な協力が求められているときに、「あいつが犯人だ。けしからん」という言い方をするようなことはよろしくないのではないでしょうか。

コロナの発生源をめぐっては特に米中が対立しているので、犯人探しにばかり目を向けるのは、米中対立をいたずらに煽ってしまうことになるでしょう。

**前川**　その通りだと思います。パンデミックは地球規模で起こっているのですから、国境を越えて協力し合わなければコロナに立ち向かえません。しかし残念ながら、コロナは国家間の対立のテーマになっている面があります。だからチャイナウイルスだけではなく、インディアンウイルスやイングリッシュウイルス、ペルーのラムダ株という言い方が出てきているのです。

そうしたなかで日本としては、一国主義ではなくやはり多国間主義に基づいて、世界中で協力しなければコロナは収束させることはできないという態度を取るべきだと思います。

## 安倍総理による全国一斉休校が奪った学習する権利

**孫崎**　コロナ対策では最初に全国一斉休校も実施されました。最近では一斉休校の話はまったく出なくなりましたが、前川さんは一斉休校についてはどうお考えですか。

**前川**　感染拡大阻止に効果がなかったばかりか、的外れで非常に弊害が大きかったのが全国一斉休校だったのです。むしろ大きな災難を子どもたちの身にもたらしたともいえるでしょう。

２０２０年２月27日夕刻に突然、安倍総理が「政府といたしましては何よりも、子どもたちの健康・安全を第一に考え、多くの子どもたちや教職員が、日常的に長時間集まることによる感染リスクにあらかじめ備える観点から、全国すべての小学校、中学校、高等学校、特別支援学校について、来週3月2日から春休みまで、臨時休業を行うよう要請します」と全国一斉休校を宣言しました。

しかし2日前の2月25日に文科省は、全国の教育委員会や国公立学校と私立学校に対して、コロナ対策の文書を出しているのです。文書の内容のポイントは「学校でのコロナ感染者の状況によっては学校の一部または全部の休校措置がありうる。また、コロナ感染が初期段階で急速に広がる事態に直面した場合、他の手立てと合わせてエリアに限っての一斉休校も考えられる」というもので、これは非常に合理的な対策だったと思います。基本的には通常のインフルエンザと同じ対応です。

一方、子どもは「すべて国民は、法律の定めるところにより、その能力に応じて、ひとしく教育を受ける権利を有する」という日本国憲法26条の「学習する権利」を持っているので、学校を閉じてしまうのは子どもの学習権を侵害する行為でもあります。しかも学校は子どもたちにとって、ただ学ぶだけではなくて生活の場にもなっていますから、学校を閉じてしまうと子どもの生活にも大きな影響を与えるわけです。

一斉休校が子どもから学習する権利や生活の場を奪うとすれば、それらを上回るメリットがあるのかどうかについて十分に比較考量しなければなりません。実際は上回るメリットなど何もないので、一斉休校を実施すべきではなかった。安倍総理は「子どもたちの健康・安全を第一に」という理由で休校を要請しましたが、まったく反対に一斉休校こそ子どもの健康や安全に大きな害となったのです。

**孫崎**　なるほど！　一斉休校は百害あって一利なし、だったのですね。

**前川**　10代以下でコロナによって亡くなった子どもは、今のところ日本では変異株も含めて1人もいません。若い人たちがコロナで重症化するリスクは非常に低い。だから、学校を閉じないと子どもの健康や安全を守れなかったかというと、そんなことはまったくなかったのでした。

特に小中学生の場合、歩いていけるところまでしか基本的には移動しない、行動圏が非常に限定されています。つまり生活の範囲が狭いところに限られています。しかも小中学生は感染するとしてもほとんどが大人からの感染であり、その70％は家庭内なのです。自分で外からコロナを拾ってくることはほぼありません。もっとも高校以上になると自分の意思でいろいろなところに出歩きますから、たしかに市中感染の危険性は高まります。高校生以上に移動範囲の広い大学生も危険性は高いといっていいでしょう。

これまで小中学校で感染したケースは全体の1割に達するかどうかという程度です。それも基本的には教職員からの感染でした。学校での感染対策を行うのなら、何よりも教職員に対するＰＣＲ検査を徹底的にやらなければならならなかった。人的な接触が避けられない場所という点では学校も病院や介護施設と同様なのです。だから本当に子どもたちの健康と安全を守るというのであれば、教職員への検査を最優先すべきだったのに、それを実施せずに安倍政権は一斉休校によって学校を閉じてしまったのでした。

## 地方自治が機能しないから政府の変な方針にも従ってしまう

**植草**　それでも当時、全国一斉休校を支持した国民が多いとの指摘もありました。

**前川**　それは情けないことだともいえます。日本では政府が1つの方針を打ち出すと、政府の方針というだけで正しいと考える国民も少なくありません。しかも一斉休校の場合、同時に学校は感染リスクの高い場所なんだと思い込む人も多かったのです。そのため、「子どもはウイルスの運び屋になっている」と勘違いする大人も出てきました。

コロナ禍では自粛警察という言葉も生まれましたが、一斉休校で学校に行けない子どもたちが公園で遊んでいると、公園に来た大人から「何で公園なんかで遊んでいるんだ！」と叱り付けられるということも起きました。そんな間違った正義を振りかざす大人に叱られて、子どもたちもしょぼんとして家に帰らざるをえなかったのです。家に閉じ込められた子どもたちは、スマホやゲームに依存してしまうようになります。実際にそういう子どもたちが多くなったの

# 休校で「勉強に不安」半数超

## 正答率低い傾向 学習環境関係か

### 全国学力調査

文部科学省は31日、小6と中3を対象に2年ぶりに実施した全国学力調査の結果を公表した。各教科の平均正答率には、コロナ禍による昨年の一斉休校の長さの影響は見られなかったとした。ただ同時に行ったアンケートでは休校中、勉強に不安を感じたという児童生徒が半数を超えた。不安を感じた子は学力調査の正答率が低い傾向にあり、休校中の学習環境が関係している可能性がうかがえる。

▼特集面＝結果と分析

昨年度はコロナ禍で中止に。休校による学習の遅れも考慮し、今年度は例年より約1カ月遅い5月に行い約194万人が参加した。

アンケートでは、一斉休校による学習への影響を尋ねた。「勉強について不安を感じたか」という問いに「当てはまる」「どちらかといえば当てはまる」と答えた小6は55・0%、中3は62・5%。「計画的に学習を続けられたか」との質問に小6の64・7%が肯定的に回答したが、中3は37・7%にとどまった。

ゲームの時間と平均正答率（小学生）　質問紙調査から

小学生のゲーム時間　平日1日あたりテレビゲーム（コンピューターゲーム、携帯式ゲーム、携帯電話やスマートフォンを使ったゲームも含む）をする時間

| | 4時間以上 | 4時間未満 | 3時間未満 | 2時間未満 | 1時間未満 | 全くしない | その他・無回答 |
|---|---|---|---|---|---|---|---|
| 2017年 | 9.2% | 8.2 | 13.4 | 24.3 | 30.4 | 14.2 | 0.1 |
| 2021年 | 15.4 | 13.4 | 20.3 | 26.8 | 16.6 | 7.4 | 0.1 |

四捨五入しているため合計が100にならない場合がある

2021年の学力調査での平均正答率



### ゲーム時間増■友達と壁も

アンケートはテレビゲーム（パソコン、スマートフォンも含む）にかける1日当たりの時間を尋ね、1時間以上が小6で計75・9%、中3で計79・8%に上った。同じ質問があった2017年度は小6で55・1%、中3で58・5%。単純比較はできないが、いずれも20ポほど上回った。

ゲームの時間が多いほど、学力調査の平均正答率が低い傾向もみられた。小6国語は、ゲームを「全くしない」子の正答率が74・7%だったのに対し、「4

朝日新聞2021年9月1日付

はたいへんな問題でした。

学習については文科省も学校で授業できない分を家庭で学習させなさいと学校に要請しました。だから、宿題を出して家庭学習の時間割などを配った学校もあったのですが、宿題を出して時間割をつくっても子どもたちが勉強するとは限りません。

朝日新聞の調査によれば、休校期間中、子どもの勉強を誰が見ていたかというと、46%は母親、4%が父親で、両親が見ていたのは50%でした。裕福な家だと家庭教師やオンラインの塾を利用できるのですが、残りの子どもたちは放ったらかしにされていたということです。それは子どもの34%にも上りました。

当初、一斉休校は春休みまでという話だったので、文科省も学校関係者も4月には学校再開ができると考えていたのです。ところが4月に入って緊急事態宣言が出たため、休校も解除で

きなくなりました。この緊急事態宣言もゴールデンウィークまでのはずが、5月4日に5月いっぱいまで延長することになります。結局、ほとんどの自治体も緊急事態宣言に合わせて休校もズルズルと延ばしてしまったのです。

こうして休校期間は非常に長引きました。全国的にはだいたい3カ月間くらい、東京都に至っては全面再開が6月29日なので4カ月間にもなりました。この間、学校の勉強が止まったのでした。

残念ながら99％の教育委員会は政府の休校要請に従ってしまったのですが、従わなかった自治体もごく稀《まれ》にありました。ただし、まともな自治体は、全面休校などやる必要はないと初めから、あるいは途中からわかっていたわけです。

**鳩山**　その勇気のある、まともな自治体はどこになるのですか。

**前川**　3月4日の時点で都道府県では島根県、市町村では岡山県の美作市、島根県の松江市、出雲市、安来市、大田市、栃木県の大田原市、沖縄県の石垣市、竹富町などは一斉休校をしませんでした。東京都の小笠原島では長い間コロナ感染者はいなかったので、小笠原村は村立の小学校と中学校ついては、きっちりと2週間で休校をやめました。周りを見渡しても絶海の孤島のなかには1人も感染者がいないのですから。それこそ水際対策をしっかりとやっていれば、休校にする必要はないわけです。

しかし残念ながら99％の自治体は、総理大臣が「一斉休校を要請する」といったとたんに右へ倣《なら》えをしたのでした。この点に問題があります。日本の地方自治は本当に機能しているのか、偉い人のいうことに従うのが条件反射になっているのではないか、という疑問は拭えません。

**植草**　一斉休校が2、3カ月にも及んで、子どもたちへの悪影響が非常に大きくなったということですね。

**前川**　子どもたちへの悪影響は、勉強できなかったり家に閉じ込められてストレスが溜まったりしたほかにも、家庭で学習できる環境があった子どもと、なかった子どもの間に大きな格差を生み出しました。

学習面以外でも、学校給食が食べられなくなったため栄養失調になってしまった困窮世帯の子どもたちがいました。ボランティアで食事をふるまう「子ども食堂」でかろうじて栄養のあるものを食べていた子どももいるのです。それでも、この子ども食堂も9割くらいが休止に追い込まれてしまいました。そのうちの半分くらいはお弁当を配布するという形にしましたが、一斉休校によって実際に食に困る子どもたちも出てきたのです。

児童虐待も増えました。警察の発表では2020年の1年間で初めて10万件以上を超えました。そのうち虐待死も61人いて、2019年に比べると7人増えています。しかも非常に悲しい事実は61人のうち21人は親子心中なのです。子どもだけではなく、コロナ禍で親も仕事を失

児童生徒の自殺者数の推移

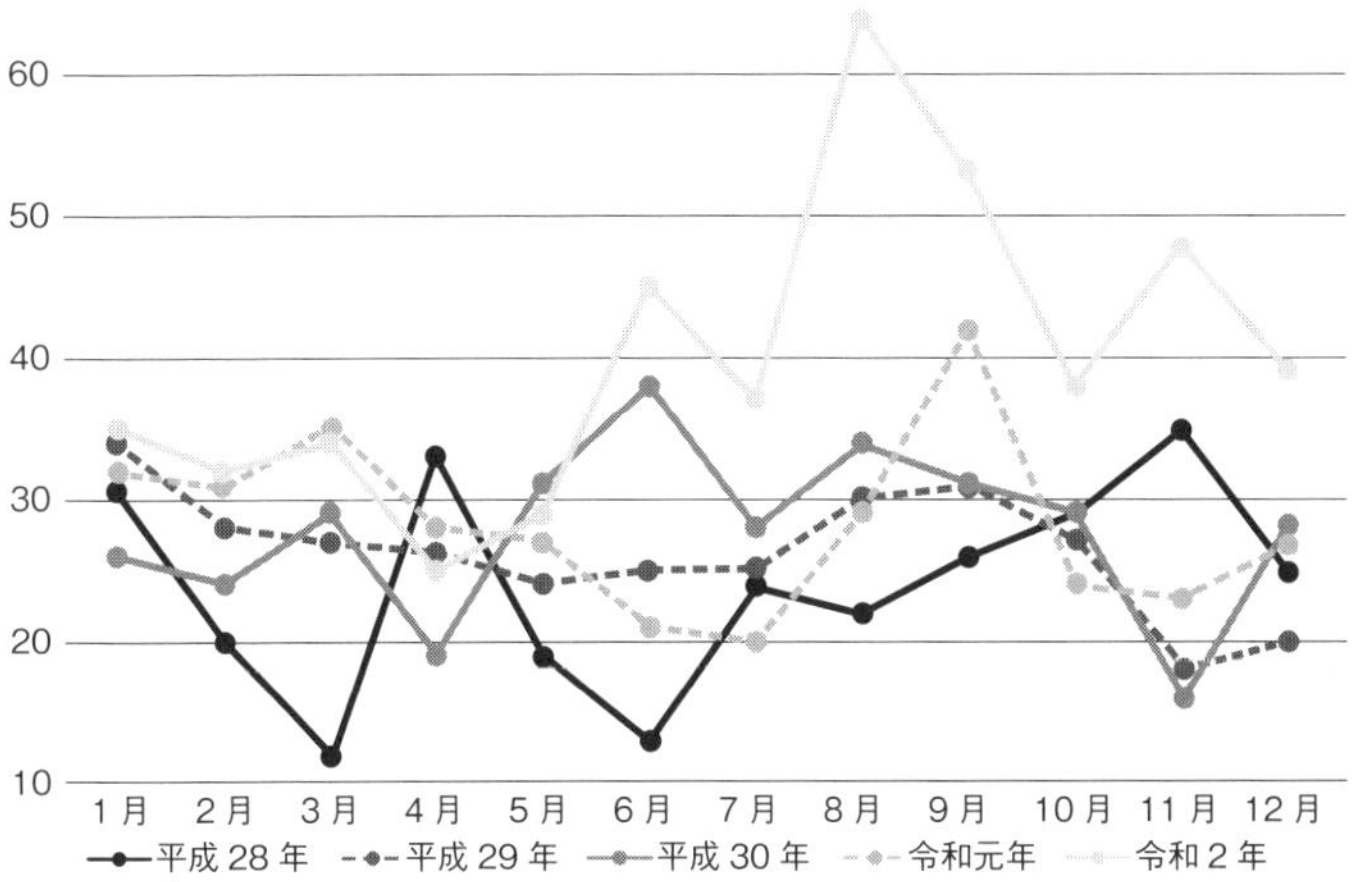


出典：令和3年2月文部科学省作成

って家庭のなかに閉じこもるということが起きました。ストレスを抱えた親子が一緒にいると、虐待は必ず増えます。

**孫崎**　そんな事態が起こっているとは想像もできませんでした。コロナと虐待の問題などはメディアもなかなか取り上げていませんでしたよね。

**前川**　ただし児童相談所の児童虐待の取扱件数については、それほど増えていません。なぜかというと通告が減ったからです。通常、子どもたちの変化に気が付くのは学校、幼稚園、保育所が多いのですが、一斉休校でそれらからの通告が激減したのです。コロナを恐れて病院に行かなくなって、病院からの通告も減りました。児童虐待は深刻化したのと同時に、潜在化しているとも考えられます。

２０２０年は小中高の児童生徒の自殺者も急増しました。警察の発表では２０１９年が３３９人だったのに対し２０２０年は４９９人になりました。毎週10人近い子どもが自殺をしたという勘定です。子どもたちの命を守るという点では自殺対策も非常に重要です。先ほど話したように、コロナで死んだ10代以下の日本国民はまだ１人もいません。けれども自殺者をこまで増やしてしまいました。

児童生徒の自殺は２０１６年が２８９人、２０１７年から19年までが３００人台だったのに、２０２０年に５００人近くまで急増したというのは、やはり一斉休校が大きく作用したといわざるをえません。

**孫崎**　コロナでなく一斉休校に殺されるとは！

**前川**　改めていいますが、安易に実施された一斉休校は子どもたちに大きな災害をもたらしたのです。もっとも安倍さんが自分で決めた政策などほとんどありません。一斉休校も、今井尚哉さんという首席秘書官が強く進言して決まったのです。２０２０年10月に発行された『新型コロナ対応民間臨時調査会　調査・検証報告書』（アジア・パシフィック・イニシアティブ著）によれば、萩生田光一文科大臣も反対の姿勢を示したのに、それを振り切って今井さんと安倍さんが全国一斉休校を強行したのです。

今井さんの進言だったとはいえ、一斉休校を許した当時の総理としての安倍さんの罪はものすごく重いと思います。

**鳩山**　みなさんのお話を伺って、いまだ経験のない問題が生じたとき、日本の政治行政がいかに機能しないかよくわかりました。そしてそのような状況においても、相変わらず縦割り行政の弊害が問題の解決を阻んでいることが、コロナの感染症対策などでも明らかになりました。未曽有の事態において政府が焦って誤った政策を行うと、結果として大変不幸な状態を招いてしまうことがある。これが学校の一斉休校という間違った政策によって起こりました。子どもたちはコロナでは死んでいないのに、一斉休校によってたくさん亡くなってしまったのです。子どもに対する家庭での虐待もかなり増えました。この責任は極めて大きいと言わざるをえません。

また日本はワクチンの接種のスタートがかなり遅れました。それは日本でのワクチンの開発が極めて遅れてしまっていることと、海外からの輸入となると、政府はほかに開発している国があるのにアメリカばかりを向いていたためでした。そのアメリカは自国優先は当然として、輸出はイスラエルなどを優先して日本は後回しにされました。

私はガルージン駐日ロシア大使にお会いしたさいに、「ロシアはスプートニクVなどをすでに昨年に開発していて、日本で製造して日本人に供給する用意があると日本政府に申しているのだが、日本政府から一向に音沙汰《おとさた》がないので困っている」との話をいただきました。製品の良し悪しはあるでしょう。しかし日本は最初からロシア製や中国製に距離を置いているように感じます。

いずれにしても日本は感染症に対する研究開発の予算が削られた結果として、研究開発が他の先進国と比べて極めて遅れてしまっています。今後もコロナのような感染症が世界に蔓延することは十分に予想されます。日本にも国立感染症研究所はありますが、米国のＣＤＣ（疾病予防管理センター）などをモデルとして、感染症対策を強化する必要があるでしょう。

# 第2章

# 米中対立に拍車をかける日本の外交

孫崎享

## 米中対立のなかで日本にどんな役割が求められるのか

**植草**　今の米中対立のなかでコロナを材料にして中国を攻撃するような側面も浮かび上がってきました。日本は中国の隣国であり、日本にとって中国は2020年には輸出、輸入ともに最大の貿易相手国になっています。

**鳩山**　最初に強調したいのは、米中対立が激化すれば日本も含めてアジアの国々はどこも得をしないということです。だから、どのアジア諸国も米中対立がうまく収まってほしいと願っているに違いありません。

私は2021年6月に「ワシントン・クォータリー」という国際問題を専門とするアメリカの雑誌に「米中対立と日本の戦略的役割」と題する論文を寄稿しました。

**孫崎**　このワシントン・クォータリーはしっかりした論文でないと受け付けてくれません。それにしても、なぜ今、鳩山さんの論文がアメリカの雑誌に載ったのか。

以前はアメリカのなかで、いわゆるタカ派的な「中国をやっつけろ」という人たちと、「いや、中国と仲良くしなきゃいけない」という人たちとの議論が伯仲《はくちゅう》していたのです。つまり、政策がどちらに向いても、学術的には両者が平等に意見をいえるようなシステムがありました。

ところが、トランプ時代からアメリカのなかでは、中国と協調しようという人たちはいろいろな圧力を受けてどんどん発言できなくなってきたのです。そこでワシントン・クォータリーの編集部は、やはり中国と協調することがアメリカの国益にかなうという観点から、アメリカの同盟国である日本の、そしてその元総理の主張を紹介したいと考えて、鳩山さんの論文を掲載したのだと思います。

**鳩山**　その論文の内容も踏まえると、日本はアメリカに対しても中国に対しても、いうべきことをいう国にならなければなりません。

まず歴史的にアメリカは、価値観の違う国とは敵対的になりがちです。世界には、選挙の有無にかかわらず権威主義の国あるいは独裁的な国があって、その数は90カ国を超え人口でも世界の54％を占めています。つまり、世界の約半分が権威主義か独裁的な国なのです。アメリカが価値観の違う国を敵として攻撃ばかりしていたら、世界の政治はどんどん不安定になります。外交の役割は、やはり価値観の違う国同士でもうまく付き合っていけるようにすることです。

アメリカはトランプ政権の中盤以降、中国に対してかなり厳しい態度を取るようになってきました。「トゥキディデスの罠」※という言葉があります。これは新興国の力が覇権国を脅かすほど大きくなってくると、両国の間で戦争が起こるということを指しています。中国の経済が途上国の段階からどんどん発展して、近い将来、GDP（国内総生産）でアメリカを追い抜く

※アテナイの歴史家トゥキディデスにちなんで、アメリカの政治学者グレアム・アリソンがつくった造語。

と予想されていますが、まさにこの状況がトゥキディデスの罠を招くのではないかと懸念されているのです。

そうならないために、アメリカは中国に対して敵対的でなくて、パンデミックや気候変動問題の克服のために互いに知恵を寄せ合って協力を行うなどの関与政策を中国に対して示すべきではないでしょうか。

アメリカは、米中対立は中国の周辺諸国を苦しませるだけだということも、もっと理解しなければなりません。

そこで、まず日本はアメリカに、「民主主義はたしかに大事な価値観だけれども、その価値観を金科玉条《きんかぎょくじょう》にして他国に押し付けたり、あるいは民主主義を信奉する国とだけ仲良くするのはおかしい。中国に対しても敵対的な行動をやめるとともに関与政策を示してほしい」というべきです。

かつて安倍総理は渡米して大統領就任前のトランプ氏にゴルフのクラブを贈呈して親しさを演出しましたし、菅総理もバイデン大統領に最初に会った世界の首脳ということを誇示しました。しかしその結果、武器をたくさん買わざるをえなくなりました。そうではなくて、やはり日本はアメリカに「かくあるべし」という意見をいわなければなりません。

一方、中国にも問題があります。たとえばＷＴＯ（世界貿易機関）に加盟した途上国は優遇策を受けられるわけですが、中国はすでにGDPでは世界第2位の経済大国なのに優遇策をまだ返上していません。中国よりもGDPが低く、どちらかというと途上国ともいえるブラジルですらWTOの優遇策から卒業しているのに、なぜ中国は依然として卒業しないのか。本来なら中国は、積極的に自ら進んで優遇策を返上し、大国として振る舞って、国際社会から認められるようにするべきではないでしょうか。

中国が大国としての意識を持つのは、力を増してきた中国へのアメリカの強い警戒心を理解することにもつながります。それがトゥキディデスの罠から逃れる術《すべ》でもあるのです。

また、最近の中国の外交は「戦狼外交」だと盛んに喧伝されています。「戦狼」とは、中国人民解放軍特殊部隊出身の主人公がアフリカの某国を舞台に反政府側のテロリストと戦うという2017年に公開された中国映画のタイトルです。この映画にちなんで戦狼外交も中国の外交官たちが外国の反中勢力と戦うことを意味し、中国の外交スタイルも攻撃的になりました。それによって現実には、中国の外交官が外国からの批判に倍返しのような、強くあまり美しくない言葉で切り返すようになっているのです。

そんな大人げない態度では外国の親しい友人を失ってしまうことになります。むしろ中国にとっても、より大きな打撃となります。戦狼外交を掲げることは国内では国威発揚になるかもしれませんが、国際社会のなかでは中国が失うもののほうが圧倒的に多くなるでしょう。

したがって日本も、対米貿易よりも大きくなった対中貿易に気兼ねすることなく中国に「戦狼外交など捨てて、大国としての振る舞いを行うべきではないか」と忠告できる国にならなければなりません。

日本が米中にはっきりと物申すというのは、日本はせっかく米中という大国の狭間にいるのですから、ミドルサイズの国々の代表格としての役割を果たすことでもあるのです。

**孫崎**　鳩山さんが直接、習近平国家主席に「戦狼外交などすべきではない」と忠告する機会があれば、と思います。

**鳩山**　実は2019年11月、習近平主席と会う機会があったのです。戦狼外交ということがまだ喧伝される前で、従都フォーラムという国際的なシンポジウムの帰りに北京で習近平主席と懇談したのでした。その場には20人ほどの世界中の指導者たちが出席していました。中国側は習主席の右隣に外交担当トップの楊潔篪《ようけつち》共産党政治局員、左隣に王毅《おうき》外相が席についていました。

このとき、私は習近平主席に、「一帯一路という構想は特に途上国を経済的に支援するという点では大変意味のあることだ。ただし一帯一路にもぜひ友愛精神を取り入れてほしい。中国にも論語に『仁』と『恕』という言葉がある。『仁』と『恕』の精神で一帯一路を推進してはいかがか」と伝えたのです。

**上位5カ国の購買力平価GDPの推移(10億ドル)**

| | 1995年 | 2010年 | 2016年 | 2020年 |
|---|---|---|---|---|
| 1位 | アメリカ 7,414.63 | アメリカ 14,964.40 | 中国 20,985.63 | 中国 28,920.97 |
| 2位 | 日本 2,817.86 | 中国 12,357.02 | アメリカ 18,697.92 | アメリカ 22,294.11 |
| 3位 | 中国 1,833.59 | インド 5,370.62 | インド 8,727.96 | インド 12,706.01 |
| 4位 | ドイツ 1,800.61 | 日本 4,319.50 | 日本 4,949.22 | 日本 5,512.22 |
| 5位 | フランス 1,229.46 | ドイツ 3,279.68 | ドイツ 3,948.83 | ドイツ 4,514.09 |

(注)購買力平価(PPP:Purchasing Power Parities)は、国と国との間で違う物価水準の差を取り除くことにより、国ごとに異なる通貨の購買力を等しくすることを狙った通貨交換比率。

出典IMF World Economic Outlook Database

これに対して、習近平主席は「鳩山さんのいう通りである。自分は一帯一路を『恕《じょ》』の精神、すなわち『己の欲せざる処は人に施す勿《なか》れ』という精神でやりたい」という答えでした。一般的に習近平主席は、そんな言葉を吐露するような人物だとは見られていないでしょうが。

もし一帯一路を「恕」の精神でやりたいというのであれば、戦狼外交などは本来、習近平主席の本質的な部分ではないと私は思っています。

**孫崎** 私は米中関係が厳しくなってきた一番の理由は、やはり中国が経済的にアメリカを抜くことが現実的になってきたからだと思います。CIA(アメリカ中央情報局）が世界各国に関する情報を年鑑形式でまとめた「ワールドファクトブック」で経済力の比較を行っているのですが、ここで用いられている購買力平価ベースでの金額量での経済力1位が中国なのです。

アメリカのCIAという世界最高の情報機関が行った米中の比較でも、量では中国が上だという数字を出しています。この事実は日本ではほとんど知られていません。CIAは10年くらい前から、中国の力が増してきているという警告をいろいろな形で出してきたのです。それが現実のものとして起こったということです。

もう1つ日本の社会においては、中国は技術が十分ではないので技術をアメリカや日本などから盗んでくる。悪くいえば、外国から技術を盗んで初めて自国の経済が成り立つと理解しています。しかし盗んだ技術かどうかはともかく、中国の技術水準が日米よりも高くなっている分野がすでに増えているわけです。典型的な例が5G（第5世代移動通信システム）の技術です。もはや5Gの特許数では圧倒的に中国がアメリカを上回っています。アメリカのインテルやクアルコムなどのITメーカーも5Gでは、たぶんこれからも中国を追い抜けないでしょう。5Gで中国が圧倒的に優位になれば、それと関連する技術も中国優位に立つという構図になっていきます。

脱炭素技術も世界的に注目されていますが、脱炭素技術関連でもほとんどの分野で1位が中国、アメリカが2位という現状になっていて、中国の圧倒的優位が築かれつつあります。だから、アメリカのエスタブリッシュメントの人たちも、今や中国がアメリカを追い抜く直前にまで来ていると思っているはずです。

10年くらい前なら、中国が世界最大の市場になれば中国と協力することがアメリカ経済のプラスになるという考え方がアメリカの経済界などに主流としてありました。ところが、その後、アメリカでは中国との協力者が基本的にみんな排除されていったのです。今では、安全保障を中心とするグループがトランプ政権、バイデン政権の中枢に入って米中対立を煽っています。

**植草**　中国の発展は学術研究にもはっきりと表れています。2021年8月に文科省の科学技術・学術政策研究所が「科学技術指標2021」という報告書で自然科学分野の論文の分析結果を公表しました。これによると、研究者の引用回数が上位10％に入る「注目論文」の2018年の全体数（2017〜2019年の年平均）で中国が4万219本となり、3万7124本のアメリカを初めて抜いてトップに立ちました。10年前と比べるとアメリカは3％の微増に留まっていますが、中国は約5・1倍という大幅な増え方になったのでした。

今回は分野別でも8つのうちアメリカが物理学、臨床医学、基礎生命科学の3つでトップなのに対し、中国は化学、材料科学、計算機・数学、工学、環境・地球科学の5つでトップなのです。学術研究において中国がアメリカを凌駕しつつあるとすれば、産業競争力でもアメリカを逆転するのは時間の問題だといえるでしょう。

**孫崎**　まさしく純粋な経済競争ではアメリカは、頑張っても中国に追い抜かれるという意識を持っている。それでは、中国を排除するためにどうするかということから、非経済の安全保障や人権問題へと戦線を拡大して反中同盟みたいなものをつくり、中国の正常な経済発展を阻害しようとします。わかりやすいのは、5Gの設備をヨーロッパ諸国から排除することでファーウェイの発展を止める、という形です。排除の理由のために人権問題等々が提起されてきたのだと思うのです。

**植草**　ただ米中関係は、表向きと実際の裏側で少し様相を異にする側面があるような気もします。2021年3月18日と19日にアメリカのアラスカ州アンカレジで開かれた会談には、アメリカ側がブリンケン国務長官とサリバン大統領補佐官、中国側が楊潔篪政治局委員と王毅外相が出席しました。ここで両者はかなり激しいやり取りを行って、米中対立の深刻さが生々しい動画映像で大きく報じられました。

しかし楊潔篪政治局員は「アメリカは上から目線で何かいうけれども、相互尊重が基本ではないか」と発言するとともに、「習近平主席がバイデン大統領と電話会談をして、アメリカと中国が衝突せずに相互尊重でウインウインの関係をつくるという提案を行い、バイデン大統領も了解したではないか」という話を紹介していました。

会談での激しいやり取りと、ベースにある米中の本当の関係とは少し違うのではないかという印象を私は持っています。

## 戦後の指導層の対米従属で生まれた日本の政治構造の歪み

**植草**　では、米中対立のなかで日本はどんな立ち位置なのでしょうか。

**孫崎**　その点ではまず日本のメディア自身が日本の立ち位置というものを客観的に見ていないことに問題があります。

たとえば日本の輸出では、もはや中国への輸出のほうがアメリカへの輸出よりも大きいわけです。ところが、貿易量は中国のほうが多くなっているにもかかわらず、日本経済新聞による2021年4月の貿易輸出額の記事を見ると、最初の6行くらいで「アメリカへの輸出が増えた」と書いた後、3行くらいで「中国の輸出も増えた」と付け加えているのです。

しかし、日本の一番手の輸出先が中国、二番手の輸出先がアメリカなのだから、本来なら記事では先に中国に6行、次にアメリカに3行を充てるというのがありうるべき割合でしょう。

実際には二番手のアメリカが6行、一番手の中国が3行というような割合ですから、これは日本のメディアにも依然としてアメリカに依存していれば、日本の経済は発展するという意識

**米金融危機時は全地域で低迷**

**輸出の前年同月差**

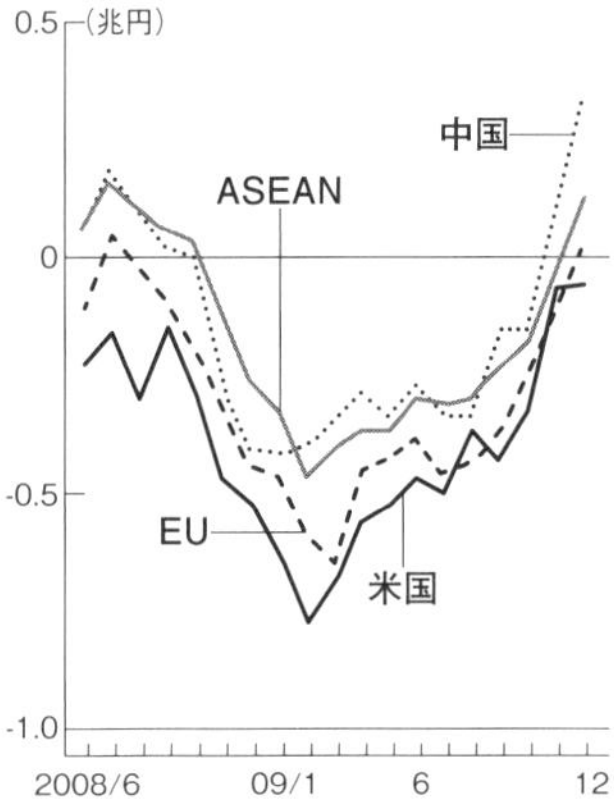


**コロナ禍では中国が急回復**

**輸出の前年同月差**

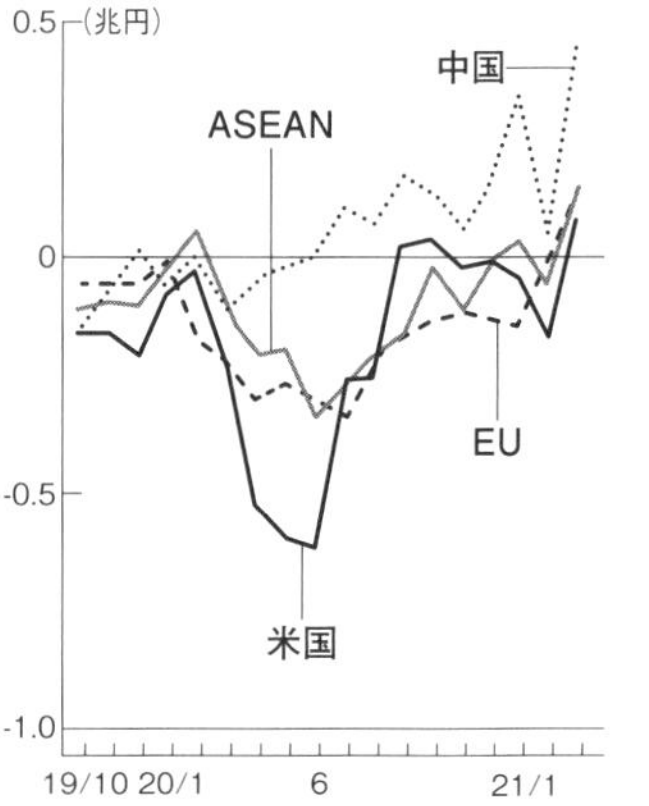


財務省発表貿易統計速報　2021年4月19日

があることの証だといえます。

日本経済は民主党政権後の自公政権の時期になって、他のどの主要国よりも成長率が一番低いわけです。となると、アメリカに依存していれば経済が発展するという状況も現実にはもう消失してしまっています。

たしかに1950年代、60年代、70年代初めはアメリカへの輸出によって日本経済が発展しました。その構図は1980年代から90年代にかけて変わってきました。つまり、以前のアメリカとの協力によって日本が発展するという状況が変わってきたのです。にもかかわらず、依然として日本がアメリカに依存すれば経済発展できるという幻想に拘泥しているために、本来は中国市場をどうするかを考えるべきなのに、日本は中国との敵対関係を選択してしまっています。

もう1つ、経済のほかに日本のなかにずっとある幻想は、中国やロシアには強力な軍事力があるから、それに対抗するためにはアメリカの軍事力でもって守ってもらわなければならないという安全保障の問題です。しかしながら、中国のミサイル技術などの軍事技術も発達してきました。最近、アメリカ国防省が台湾正面で米中が戦うというウォー・ゲームの図上演習を18回行ったところ、すべてアメリカが負けてしまいました。中国の軍事力に対抗するためにアメリカに依存していれば、日本は安全だという状況ではなくなっているのです。

**鳩山**　日本が幻想を抱いているとすれば、それはなぜでしょうか。

**孫崎**　1990年代くらいから日本を取り囲む経済、および安全保障の関係はすっかり変わってしまっています。それでも日本が以前の幻想を継続して持ち続けているのは、やはり日本の政治構造が非常に歪んでいるからにほかなりません。

その歪みは第二次世界大戦の出発点からありました。第二次大戦の日本の降伏文書は、基本的には日本の政権はアメリカの命令をすべて聞かなければならないというものです。言い換えれば、アメリカに従属することを条件に日本政府の存立が許されました。

当時の日本の指導層はみんな第二次大戦に関与したわけですけれども、関与したのだから死刑になるか、公職から追放されるかという状況でした。これが政界、経済界、官界、ジャーナリズムの指導層すべてにのしかかっていたわけです。

ところが、そうした指導層もアメリカに従属すれば、助命されて職を持って生きられることになった。このようなアメリカに対する日本の指導層の従属的な姿勢が結局、変わることなく今日まで続いてきているということです。だから対米依存をすれば、日本の国益になるという考え方も見直されることなく続いてきました。

ただしアメリカ側の日本に対する向き合い方も当初は一貫していたわけではありません。終戦後の日本の占領政策の実施を担ったのがGHQ（連合国最高司令官総司令部）で、連合国という名前が付いているものの、実態はアメリカの機関でした。まずGHQのなかでも主導権を持ったのがGS（民政局）で、ここが日本の非軍事化と民主化を徹底的に進めたのです。

ところが、1947年3月にアメリカ本国でトルーマン大統領がドクトリン（政治・外交・軍事などでの基本原則）を発表し、アメリカ外交の基本をソ連封じ込めと反共産主義に置くことになりました。

このアメリカ本国の方針転換と連動して、リベラル派の多かったGSとの路線闘争に勝利し、GHQで実権を握ったのがG2（参謀第2部）でした。日本を戦前の体制に戻すような政策転換を行い、当時の吉田茂総理とかなり強力に結び付いて、公職から追放されていた人たちを引き戻したり警察予備隊という形で新たな軍隊をつくったりしたのです。こうしたことによって、結局はアメリカの命令に服従する人を中心とする日本の体制がつくられ、それが現在まで引き継がれてきたのでした。

もっとも、実は外務省のなかではニクソン・ショック（ニクソン大統領による中国訪問の発表、米ドルと金との兌換停止の宣言）を契機としてのしばしの時間、すなわち１９７０年代前半から80年代初頭の8年間ほどは対米依存がない時期があったのです。このような時期に外務省では、「日本外交の柱は何なのか」という問いの下に「アジア諸国、近隣諸国との連携」「西側諸国との連携」「国際機関との協調」という3つを日本外交の柱とすべきだという見解が主流になったのでした。

平たくいえば、対米依存を脱して、多様な人々が集まってくる国際機関では合理性・公平性を基礎にして協調し、アメリカを含む西側諸国と並列してアジア諸国も重視しなければならないということです。

しかしその後、対米依存に疑義を挟む人たちはみんな潰されていきました。そうした人たちはいろいろな分野にいたのですが、最初に潰されたのが外交に携わっていた人たちです。その結果、日本の外交の基軸はアメリカに固定されました。それだけではもはや日本の国益にすらなっていないのは自明ですから、外交が日本のあり様としては一番歪んでいる分野だといえます。

重ねていうと、目下、日本の置かれている状況と日本の本来あるべき方向との間に大きなズレが生じていて、アメリカにすべて従うというのは日本にとって適切な状況ではなくなっているのです。

だから現在の問題においても、日本のアメリカへの従属体制が米中対立に拍車をかける恐れもあります。その象徴的な例が日本、アメリカ、オーストラリア、インドの4カ国で中国の対抗軸となろうとするクワッド（日米豪印戦略対話）でしょう。

ただし注目すべきなのは、そこにASEAN諸国が入っていないことです。ASEAN諸国は中国の脅威を感じているので、クワッドのようなグループに入ってもよさそうなものですが、むしろASEAN諸国としては「クワッドに入るのはご遠慮します。それよりも米中は仲良くして、喧嘩しないようにしてください」と訴える立場にいます。同じく韓国もクワッドのようなグループに入らずに、「米中であまり喧嘩しないでください」という点ではASEAN諸国と同じです。

とすれば、中国の周辺諸国のほとんどが「米中対立を煽らずに平和的な関係を維持してください」という意向なのに、日本だけが突出して反中をいっていることになります。そうなるのは、やはり日本の政治構造が非常に歪んでいるからであって、そのために日本の経済と安全保障の両方ともにマイナスとなる政策を選択してしまうのだと思うのです。

**前川**　日本の反中的な態度も対米従属による政治構造の歪みが生み出しているというご指摘ですね。

**植草**　それをどう是正するかにおいて有益な示唆を与えてくれるのが鳩山一郎元総理が提唱した「友愛思想」ではないでしょうか。

鳩山一郎氏は反共産主義の立場でしたが、総理になって取り組んだ最大の仕事が共産主義国のソ連との国交回復で、シベリアに終戦後も抑留された多くの日本人の帰国にも尽力しました。そこには反共産主義という主張を掲げながらも、政治においては、単に共産主義国と敵対するのでは問題は解決しない、対話をしなければならないという考え方があったのだと思います。敵対よりも対話を重視した行動のベースに友愛思想があったのだと思います。

友愛思想をベースに置くなら、国際政治でも近隣友好を目指さなくてはならない。日本の今の外交でも友愛精神が欠かせないのだけれども、現実には友愛精神が不足しているということになるでしょう。

**鳩山**　祖父の鳩山一郎が国交回復のためにソ連に出向くときには、「俺は共産主義が嫌いなんだ。その俺が行くんだから信じてくれ」という言い方で懸念を抱く自民党の議員たちを説得しました。祖父は共産主義のソ連に好きで行ったのではないが、友愛思想の相互尊重、相互理解、相互扶助という発想からソ連に行くのが当然だと思っていたと私は理解しています。
**植草**　現実の国際政治においては、主義主張の異なる国が存在すること自体を否定できないというプラグマティックな現状認識があったということですね。
**鳩山**　そうだったと思います。祖父がよくいっていたのは「自己の尊厳を尊重すると同時に、他者に対してもその尊厳を尊重する」ということでした。たとえ主義主張が違っても、彼らの尊厳を尊重する友愛精神で行動をいたしました。祖父はそのような生き様を体現したといえます。

## 日本人は戦争を好まないし絶対に戦争してはいけない

**前川**　しかし日本国内には中国への敵対的な姿勢を支持する人たちも増えてきました。
**孫崎**　本来、日本人はそんなに戦争を優先する国民ではないのです。日本の出発点的なところは奈良ということになっています。ところが奈良には城壁がありません。海外へ行くと、町は壁から始まっているのに、奈良ではそんなものは意図的につくっていないのです。奈良だけでなく京都の御所も入ろうと思えば、誰でも簡単に入れます。
つまり日本人は鎧《よろい》で身を固めて剣で相手を押さえ付けるような国民では、けっしてなかった。

ある時期、特に明治期あたりから、あたかもサムライ精神が日本の根源だというような考え方が出てきているのですが、原点の日本人の特性というのはむしろ協調することにあって、対立は好みません。

私は好きなことをしゃべっているから、ひんしゅくを買うことが多々あります。これはみんなと融和していないということで、国内では「けしからん」と思われるわけです。私と違って日本の一般の人たちの付き合いでは、できるだけ丸くするのが「徳」だとされています。それなのに、なぜ外交・安全保障の話題となると、タカ派的な「槍《やり》を持て」というような人たちの言論が好まれるのでしょうか。この点はもう少し考えてみなければならないと思っています。

**鳩山**　吠《ほ》えるのは小さな犬で、大きな犬は滅多に吠えませんね。日本が弱くなってきている証拠です。タカ派的な人たちのなかには、今にも中国が日本に攻め込んでくると叫んでいるような人もいます。悪い国をつくり上げて、それに対して負けない強い日本をつくると主張することで、国民の支持を得ようとする指導者が出てくるのです。

私は絶対にありえないと思いますが、一応、尖閣諸島問題などで日本と中国の武力衝突が起こって真っ先に正確に沖縄の嘉手納《かでな》等の米軍基地が狙われてしまった場合、米軍の戦闘機も飛び立つことができなくなります。米軍基地が日本に存在する以上、台湾問題で米中の武力衝突があっても同じことになるでしょう。

いずれにせよ、日本のような島国はミサイルで狙われたら勝ち目がない。これは日本国憲法があるからというだけでなく物理的にも無理なのだから、日本は絶対に戦争をやってはいけない国だということなのです。

とすれば、絶対に戦争が起きない環境をどうつくるかが非常に重要になってきます。言い換えれば、日本の周辺諸国との間でどうやって仲良く暮らしていける環境をつくるかということです。それなのにアメリカに頼って、「アメリカの核の傘の下にいるから自分たちは大丈夫だ」といった幻想にとらわれてしまっていると、むしろ逆に予期せぬ紛争に巻き込まれてしまう可能性が高くなってしまうのではないかと懸念しています。

**植草**　ＦＯＩＰ（自由で開かれたインド太平洋地域）などに関して、ＮＨＫが外務省の官僚がアメリカ政府を相手に華々しく活躍をしているかのような報道をしていたことがありましたが、日本の置かれた環境の実態を考えれば、政治的にも経済的にも対米一辺倒が良好な状況とはすでにいえなくなっています。

現状では、尖閣諸島だけはなく台湾海峡を含めて日本と中国の緊張関係が高まり、何らかの有事のさいには、アメリカの軍事力を背景として日本の安全が担保されるという文脈で論じられることが多いわけです。

けれども実際のアメリカ要人の発言や日米の公式文書を見ると、たとえば尖閣諸島について、

**自由で開かれたインド太平洋(Free and Open Indo-Pacific)とは？**

| 「地球儀を俯瞰する外交」 | 国際協調主義に基づく「積極的平和主義」 |
|---|---|

**安倍政権の実績を踏まえ、これらの外交コンセプトを更に発展させる**

**自由で開かれたインド太平洋**

国際社会の安定と繁栄の鍵を握るのは、

「**2つの大陸**」：成長著しい「アジア」と潜在力溢れる「アフリカ」

「**2つの大洋**」：自由で開かれた「太平洋」と「インド洋」

の交わりにより生まれるダイナミズム

⇒ **これらを一体として捉えることで、新たな日本外交の地平を切り拓く**

外務省資料より

日米安保条約第5条（日本の施政下にある領域での武力攻撃と共通の危険に日米共同で対処すると規定）の条文通りにそのまま尖閣が同条の適用範囲であると肯定しますが、アメリカが尖閣諸島の領有権は日本にあると言ったことは1度もありません。逆に領有権問題に関しては、中国と日本のいずれの側にも立たないということを何度も強調しています。アメリカは日本に対して有事のさいに米軍が出動するという明確な言質を与えたことは1度もないはずです。

アメリカにはバンデンバーグ決議（自国の安全に影響を及ぼす地域的・集団的防衛協定に参加すること、およびその協定は継続的・効果的な自助と相互援助の原則に基づく）があります。この相互主義に基づけば、日本が集団的自衛権で軍隊を出動することがなければ米軍の出動もありえないことを明確に認識しておくことが必要です。

つまりいざというときに日本がアメリカの軍事力によって守られるという、極めて疑わしい仮想のストーリーだけに基づいて日本の安全保障論が組み立てられているのです。

**孫崎**　それはロシアとウクライナとの関係でも同じなのです。アメリカとしては、ウクライナを煽ることでロシアとの対立をつくり、それでもしロシアが軍隊をウクライナに少し出してくれればいい。となるとロシアは軍事力を使う野蛮な国であると、国際社会に訴えてロシアを悪者に仕立て上げることができる。ところがアメリカはウクライナがロシアに攻められたとしても、最後までウクライナを守るという気はまったくないのです。

ウクライナを焚《た》き付けてロシアと厳しく対立させるところまでがアメリカにとって利益になるが、ウクライナとロシアの武力衝突には関わりたくない。

極東で同じことがいえるのが、まさにアメリカの台湾政策なのです。アメリカは台湾をけしかけて中国との対立を煽ります。それで緊張が増して、台湾への中国による武力的な威嚇が強まれば中国のイメージは非常に悪くなる。対してアメリカは相対的に優位になるのです。しかしさらに緊張が高まって万が一、中国が台湾に武力行使をし、それに日本が巻き込まれたとしても、はたして米軍が動くかどうか。

ニクソン大統領の中国訪問で米中が接近するまでは台湾にも米軍が駐留していたのです。その後に米軍は台湾から出ていきました。米軍は台湾を守らないということにコミットしたのでした。

アメリカ人の多くは、米軍が他国を守ることができないのはわかっているのです。尖閣諸島についても同じなのはいうまでもありません。

## 一体化したうえで香港の自治を認めるのが中国

**植草**　日本が中国に対してどのように対応してゆくべきかを考えてゆくさいに、避けて通れない問題の1つに香港問題があります。中国の香港に対するやり方を見ていると、香港の人たちが気の毒であるとの側面はたしかに存在します。

**鳩山**　私も香港城市大学の顧問をしているのに、ここ数年混乱続きですから、なかなか香港に行くことができません。香港の行政に反発している香港の人たちも大半は香港という国として独立したいわけではないでしょう。少なくとも私が付き合っている香港人の方々のなかで独立を希望する声はありませんでした。中国を混乱させるために香港を独立させようとする勢力が背後にいるとしたら別ですが。

今は香港での反政府的な動きを取り締まる国家安全維持法が強烈に発揮され、それによって民主化運動が押さえ付けられてしまっていて、かわいそうな気がします。香港の人たちを強権で押さえ付けすぎると、国際社会からの批判も強くなるばかりです。中国は国際社会からどう見られているかをもっと考えなければいけません。その意味では中国にはもっと大人になってほしいと思います。

イギリスが統治していた香港が中国に返還される経緯をたどると、まず1984年12月に中国とイギリスが中英共同声明を発表しました。この声明では、イギリスが1997年7月1日に香港の主権を中国に返還し香港は中国の特別行政区となることが合意され、社会主義と資本主義という2つの制度が1つの国（中国）のなかで併存する一国二制度が採用されることも確認されました。

だから中英共同声明がある以上、国家安全維持法によって一国二制度が完全に粉砕されてしまったとも考えるべきではないでしょう。香港は中国に返還されたものの、以前はイギリスが統治していたため民主主義と資本主義の西欧社会のなかにいたわけです。それで香港には西欧社会のいろいろな制度が導入されてきました。それらの制度のなかには中国の制度と合わないものもあります。

といって、強引に中国の制度に変えていくことにも無理がある。とすれば、やはり一国二制度という形を取って時間をかけながら香港と中国をうまく融和していかなければなりません。

その点で今の香港から一国二制度が完全に消えたという解釈もするべきではなく、むしろ一国二制度の上手な活用が中国にも香港市民にも、より大きなメリットをもたらすという考え方を持つことが必要になるはずです。

**孫崎**　たしかに香港には自治というものはあります。中英共同声明が出された後の１９９０年４月、その声明の基本方針と政策を具体化した香港基本法（中華人民共和国香港特別行政区基本法）が中国の国会にあたる全人代（全国人民代表大会）で成立しました。香港返還の７年も前の時点で、香港返還後の香港の制度的・法的枠組みが香港基本法で示されたわけです。

香港基本法をよく読むと、香港の自治も国家の安全を前提としていることがわかります。すなわち香港で動乱による緊急事態が発生したときには、中国政府が必要な措置を取るという条項が入っています。これは中国と香港との一体化を守ったうえで香港の自治が認められるということなのです。

ところが国家安全維持法が施行される前の香港の大規模なデモには、明らかに香港の独立を目指すという要素が入っていました。この点においては私は鳩山さんよりも厳しく香港市民を見ています。香港の独立というのは中国との一体化に反するものなので、中国政府としては到底認められない立場にならざるをえないわけです。日本のメディアは、香港の自治が侵されたことだけに焦点を当てて報道していますが、香港の独立を目指すのであれば、香港基本法に反しているということになるのです。

**植草**　基本的人権の尊重は人類の普遍的な価値ですので、香港においても基本的人権は尊重される必要はあるでしょう。しかし、孫崎さんが指摘されるように、香港基本法に基づいて香港返還が行われた経緯を踏まえると、香港独立の主張と基本的人権の問題は切り分けて考える必要はあるのだと思います。

中国は共産党一党独裁の国です。ですから多様な意見の存在をそのまま容認すれば、たちどころに体制が崩壊するのは火を見るよりも明らかです。だから中国政府としては思想の部分、あるいは独立の主張を含む民主主義的な活動の部分についてはは抑制しなければいけないという強い思いを持っているのでしょう。

香港の返還にさいしても、中国は香港の自治は認めるけれども、自治とは別の枠組みとしての行政体制についてはあらかじめ法律を定め、反政府的な活動を抑制することとしたのだと思います。また、そうせざるをえなかったのだろうと推測できます。

現在の世界を俯瞰《ふかん》してみると、人権などを抑圧する独裁的な国はけっして少なくありません。この現実のなかで、主権国家が相互にそれぞれの主権を尊重し、武力による問題解決をベースにしないで友好的な外交関係を築くことが重要であることを私たちは認識する必要があると思います。

## テロ対策でアメリカと中国は共通する論理を持っている

**孫崎**　第二次大戦のときにできた国連憲章には2つの軸があります。1つが「主権の尊重」、もう1つが「武力行使は相手国が攻撃してきたときのみ許される」です。ここでいう主権の尊重は、国連加盟国はお互いに他の国連加盟国の国内政治に関わらないということです。それによって国同士の武力衝突の回避を目指したのでした。

**鳩山**　ようするに主権の尊重とは、内政不干渉ということになりますね。

**孫崎**　そうです。この内政不干渉には、相手の国内でおかしいことが起こらないときに限るなどという制限が付いているわけではありません。つまり内政不干渉は、相手の国内で何かおかしいことが起こった場合でも、その解決のために外国が介入するのを否定するものなのです。

アメリカはこれまで勢力を伸ばしてきた国を叩くときには、経済で対抗してきました。戦前の日本に対して石油輸出を止めたのもそうです。

**鳩山**　1940年（昭和15年）8月の石油製品（主にオクタン価87以上の航空用燃料）、航空ガソリン添加用四エチル鉛、鉄・屑鉄の輸出許可制のことですね。これが1941年（昭和16年）に石油の対日全面禁輸となります。ABCD包囲網とも呼ばれる対日政策で、経済制裁か経済封鎖かについては議論の分かれるところです。

**孫崎**　ところがアメリカは中国にはもはや経済では対抗できないため、外交の道具を使って対抗するようになってきました。外交の道具を使えば、自ずと人権問題が引っかかってきます。

それはヨーロッパの中国への対応を見てもわかるでしょう。たとえばヨーロッパの国々はかなりの程度、5Gの導入をやめましたけれども、どうしてかというと香港・台湾問題があるからです。香港問題は2020年6月に国家安全維持法が施行されたことで、台湾問題は2021年3月にアメリカ上院軍事委員会でアメリカのインド太平洋軍司令官が「6年以内に中国が台湾を侵攻する可能性がある」と証言したことで、それぞれクローズアップされてきました。

とすると、これらの香港・台湾問題というのは、コロナではないが、自然発生したのかあるいは人為的につくられたのか、という話になってきます。

**植草**　アメリカは香港問題なども含めていわゆる人権や価値観を前面に掲げますが、一方でアメリカは他国に武力介入したり外国の政府を転覆させたりしてきたのも事実です。建前できれいごとのアメリカの主張だけが正しくて、それ以外は間違いというのも、やはり現実から離れているわけですね。

**孫崎**　アメリカはずっと自己中心的な主張と行動を繰り返してきました。2001年の911

同時多発テロの後、同じ年にアメリカが始めたアフガニスタン戦争を例に取りましょう。

アフガン戦争でアメリカは無人機を使ってテロリストの殺害を行いました。そのときに巻き添えになって一般の人たちも死んでいるのですが、それをアメリカは「過激的なイスラム教は民主主義にとって危険であるから、武力を使ってイスラム教徒を殺害してもいい」という論理で正当化しています。

冷戦が終わった後、私はウズベキスタンにいました。そのときにウズベキスタンの外務次官からこういわれたのでした。

「欧米の人たちは、ウズベキスタンを民主化しなさいという。私も民主化をすべきだということはわかる。たとえば旧ソ連のバルト海の国で３００人くらいの集会を開いて、『大統領がおかしいから殺せ』と演説しても、バカバカしいから誰も大統領を殺しに行かない。ところが、わが国において３００人の集会で『大統領を殺せ』と演説したら、必ず３人から５人の人間は大統領を殺しに行く」

実際にウズベキスタンのカリモフ大統領に対する暗殺未遂事件が何回も起こっているのです。それくらい宗教の影響力は強い。

アメリカはテロとの戦いを続けてきましたし、今日でもテロとの戦いを重要視しています。９１１後には世界各国にイスラム教徒の監視も要請しているのです。

一方、イスラム教徒の多い新疆ウイグル自治区では中国政府がイスラム教徒をどんどん強制収容所に入れているという話があって、そのことを欧米諸国は強く非難しています。

私は何も強制収容所を是認しているのではありません。しかし、さきほどいった無人機によってイスラム教徒を殺害するアメリカの論理には、強制収容所にイスラム教徒を収容する中国の論理と共通するものがあるわけです。とすれば、無人機によるイスラム教徒の殺害が容認され、強制収容所へのイスラム教徒の収容が容認されないというのはアンバランスではないか。本来ならこの場合、両方とも容認するか、あるいは両方とも容認しないかのどちらかでなければいけません。

**鳩山**　アフガンといえば、20年近くにわたって戦争を続けてきた米軍が撤退を進めるなか、２０２１年8月16日に反政府武装勢力のタリバンが首都カブールの大統領府を制圧しアフガン戦争の終結を宣言しました。今後、アメリカがアフガンでの影響力を失うため、ロシアと中国にはプラスがもたらされるという見方もありますが。

**孫崎**　それは中国とロシアについての短絡的で間違った見方です。両国とも国内にイスラム教徒の勢力が強い地域を抱えています。イスラム教を至上と考える人々の統治は容易ではありません。それに加えて、明らかにタリバンによるアフガン支配がイスラム過激主義の強力な拠点をつくるのです。だから両国ともイスラム過激派が自国で活発化しないようにタリバンとの友好関係を模索しようとするでしょうが、これまでのタリバンとの対立構図を解消するのは非常に難しいと思います。

また、アフガンで一帯一路を拡大するチャンスが中国に生まれるとも報じられています。これもタリバン下のアフガンのイスラム過激主義は強固ですから、タリバンが一帯一路から利益を得られるなら親中政権になるという保証はまったくないのです。

**鳩山**　先日、新疆ウイグル問題を現地に何度も訪れて研究しておられる慶応大学の大西広教授にお話を伺いましたが、自分の調査では、ウイグル会議情報は1%までは正しいが、99%はフェイクだと述べておられました。例えば、２日間にわたる１０００人のデモとの情報は、実際には３人の一瞬のデモだったそうです。百聞は一見に如《し》かず、です。

## 民主化運動を起こして敵とみなす国の政権の力を弱めていく

**植草**　孫崎さんによれば、人権問題にはアメリカ流の活用法があるそうですね。

**孫崎**　端的には、人権で民主化運動を盛り上げるということです。世界の戦後の歴史をいくつか見ると、アメリカが敵とみなす国と対抗する場合、しかも軍事的に全面的に対抗するという措置を取らないときには、民主化運動を助長して敵国の政権を倒していく政策をつねに取ってきました。

わかりやすい例が1978年に起こった「イラン革命」です。アメリカはイランのシャー(パーレビ国王)を1950年代以降の東西冷戦期には重用してきました。しかしシャーが大国の首脳のような態度を取り始めると、アメリカはシャーを目障りだと考えて切ることを決めます。そして起こったのがイラン革命でした。アメリカは背後から手を回してイラン国内の民主化運動を助長し、シャーの政権を倒したのです。

このようにアメリカは独裁者を切るときには、人権問題に熱心なNGO(非政府組織)などの活動を活発化させ、財政的な支援も与えて民衆をデモに駆り立て政権を転覆させる手段をよく使います。イラン革命のほか、2000年ごろから旧共産圏で起こった「カラー革命」、2011年以降、チュニジア、エジプト、リビアといった独裁政権が崩壊した「アラブの春」なども同様です。

人権擁護を叫ぶ民主化運動には国際社会も反対しません。そこでアメリカは、敵とみなす国の内部で民主化運動を起こして敵の政権の力を弱めていこうとするのです。したがって現在、焦点になっている香港についても外国の勢力が入り込んでいないかどうかに注目しなければなりません。もし外国の勢力が入り込んで民主化運動側と結び付いているとするならば、民主化運動側を全面的に支持するのは難しくなると私は思っています。そういう意味でも人権問題の扱いは非常に難しいのです。

**植草**　民主化運動の立場では確かに今の中国などでは人権が抑圧されているという見方になるでしょうし、権威主義、独裁主義、全体主義よりも自由主義、民主主義、個人主義といった体制のほうが優れていると考えます。

しかし後者の体制であっても、特に自由主義や資本主義というものが自己増殖的にどんどん加速していけば、新たな問題を引き起こすのも現実です。コロナがあぶり出した日本の貧困問題や格差の問題を前川さんが指摘したように、自由主義や資本主義が加速していくと、巨大な資本の利益を極大化させるための政策が突き進んで、最終的には究極の格差を生み、新たな貧困問題や生存権侵害問題などが噴出します。本当にアメリカが主張しているような自由主義、資本主義、さらにグローバリズムというものを無条件で正しいとして受け入れられなくなっていることにも、私たちは気が付き始めているのです。

だから、ある体制が絶対善で、ある体制が絶対悪と決め付けるのではなく、それぞれの体制の問題点を見出して、その解決に取り組んでいくことが大事だと思います。ただし他国の問題については、やはり国連憲章のいう主権の尊重を前提にするなら、なかなか踏み込んでいけない場合もあることを認識して対応しなければなりません。

**前川**　私は外交の専門家ではないですが、単純に「人権が大事だ」といって済む話ばかりではないので、やはり複眼的な思考が不可欠でしょう。しかも世界政府がない以上、各国の主権を尊重するという前提で国際社会が形成されています。そのうえで人権関係では反人種差別、児童の権利、障害者の権利などさまざまな国際人権規約を運用せざるをえません。文科省もそうした人権関係の規約に拘束されています。

アメリカが外交のツールに人権を使っているというのは、孫崎さんのお話でよくわかりました。一方で、アメリカがあえて人権を問題にしないような国もあります。たとえばサウジアラビアも権威主義的な国であり、ここの皇太子がジャーナリストの殺害を指示したのではないかといわれています。にもかかわらず、アメリカは親密な国であるサウジアラビアに対してはけっして人権を持ち出しません。

だからアメリカが人権といったときに、素直に「人権は大事だ」と反応してナイーブにそれを支持するというのは問題だし、眉《まゆ》に唾《つば》を付けなければいけない部分があるだろうと思います。ただしアメリカが外交のツールに人権を使うのはさておき、西側諸国が人権に敏感になるのは当然という面もある。バイデン大統領と菅総理は2021年4月16日にワシントンで首脳会談を行い、日米共同声明を出しました。

声明には「海が日米両国を隔てているが、自由、民主主義、人権、法の支配、国際法、多国間主義、自由で公正な経済秩序を含む普遍的価値および共通の原則に対するコミットメントが両国を結び付けている」と書いてあります。

ここの「自由、民主主義、人権、法の支配、国際法、多国間主義、自由で公正な経済秩序を含む普遍的価値および共通の原則」は西側諸国が共有し重要視しているものでもあるでしょう。だから西側諸国としても、それらを世界にできるだけ広げていくのは、やはり大事な取り組みであると思います。

といって西側諸国が権威主義的な国や独裁的な国に対して、価値観の押し付けのような態度で臨めば、新たな冷戦にもつながってしまうかもしれません。そうならないためには、お互いの主権を尊重し、「自衛以外では武力は使わない」という国連での約束の遵守を大前提にして国同士で付き合うという必要があるでしょう。

**鳩山**　人権について孫崎さんの意見に付け加えるなら、そもそもアメリカにも深刻な人権問題があるわけです。中国だけを人権を抑圧していると責めることはできません。アメリカでは最近、ブラック・ライブズ・マター（黒人に対する警察の暴力行為をきっかけにアメリカで始まった人種差別抗議運動）が活発になっています。私もアメリカのスタンフォード大学に留学したとき、黒人や黄色人種はやはり白人から蔑《さげす》まれている部分がどうしてもあるように感じました。留学中に私は一度、トランジスタや半導体の研究でノーベル物理学賞を受賞されたスタンフォード大学のショックレー教授のお宅に伺ったことがあります。彼は晩年、黒人は優生学的に白人より劣っていると主張して、学生たちから強い批判を受けていました。

日本にも人権問題があります。在日コリアン（在日韓国人と在日朝鮮人の総称）の人たちや北海道に多いアイヌの人たちを差別する日本人は依然としているし、江戸時代以来の特殊な職業に就いている人たちに対する差別意識もいまだに払拭されていません。さらに難民申請がなかなか認められないことや、難民申請数が3回以上になれば強制送還できるように入管法を改正する動きもあります。これらも大きな人権問題です。

## 拉致問題を解決するためにこそ北朝鮮との国交回復を急げ！

**孫崎**　日本の将来を考えると、近隣諸国と仲良くしなければならないのは当然です。我々が中国や韓国に厳しい態度を取ってきた1つの理論的な支柱は、福沢諭吉の『脱亜論』※なのです。この脱亜論が論理的に成立したのは、19世紀末の中国（当時は清朝）と朝鮮は滅びる国であり、滅びる国と連携していても我々にとっては損になるからでした。福沢諭吉は損得勘定で、近隣諸国でなく西洋と手をつなぐべきというのです。

ところが今や中国は世界第2位の経済大国となり、北朝鮮はともかく韓国の経済規模も大きくなってきました。脱亜論とはまったく逆の現象が起こってきています。

※脱亜論は1885年（明治18年）3月16日の新聞『時事新報』紙上で無署名の社説として初出掲載された。

**前川**　今の日本にも嫌中、嫌韓、嫌朝があります。残念ながら、日本政府が「中国は敵だ」「韓国も嫌いだ」「朝鮮は危険だ」というメッセージを発しているようなところがあって、嫌中、嫌韓、嫌朝ムードを煽る片棒を担いでいるのです。その反作用ともいうべきか、日本政府には、より強くアメリカと一緒でなければいけないという考え方を国民に植え付けている部分もあると思います。

在日コリアンの人たちは日本の経済にも相当貢献してきたし、現実には在日コリアンの人たちの半数は韓国籍を持っています。

**植草**　在日コリアンの人が日本国に帰化申請をしたら、簡単に受理されるのですか。

**前川**　条件を満たせば日本国籍が与えられるはずです。ただ在日コリアンのなかには、やはり日本国民になりたくないという人も多いのです。

それで私の携わってきた仕事の関係でいえば、朝鮮学校があります。日本政府は朝鮮学校をずっと差別し続けてきました。日本で生まれて日本で育っている子どもたちなのに、「朝鮮学校は、北朝鮮のスパイ学校だ」といって敵視するような政策を取ってきたのです。

朝鮮学校はたしかに朝鮮総連（在日本朝鮮人総聯合会）との関係があります。ところが朝鮮学校で学んでいる子どもたちの半分以上は韓国籍を持っているのです。

いわゆる在日朝鮮人といわれる人たちは北朝鮮国民ではありません。北朝鮮の国籍を持っているわけではなくて、植民地時代の朝鮮半島出身者の末裔《まつえい》というだけのことです。しかし日本国籍は与えられておらず、占領が終わって日本が主権を回復したサンフランシスコ平和条約の後、日本政府から日本国籍を剝奪《はくだつ》されたという暗い歴史を彼らは負っているのです。

民主党政権の下で朝鮮学校も高校無償化の対象にすることが検討されたのですけれども、結論が出ないうちに自公政権に代わりました。安倍政権は朝鮮学校を高校無償化から完全に排除しました。

私は朝鮮学校の存在を日本でもきちんと認めて、朝鮮学校の生徒にも日本の高校生と同じ待遇を与えるべきだと思います。またアメリカやロシアの大学の日本校の学生は、コロナの学生支援の対象になっているのに朝鮮大学校の学生は外されているのです。これはほとんどヘイトに近いのではないでしょうか。これは人権問題です。

一方、日本と北朝鮮との関係が正常化されれば、朝鮮学校の問題も解決の方向に行くはずなので、私は日朝国交正常化も早くやったほうがいいと考えています。

**鳩山**　日朝国交正常化を急げというのは、まさにその通りです。しかし特に安倍政権は拉致問題を解決してから日朝国交正常化をしようという発想でした。この発想である以上、国交正常化もできないし拉致問題も解決できません。

拉致問題が大事というなら、むしろ日本と北朝鮮が協力できるような国交正常化を進めるべきです。そうやって北朝鮮のなかで何が起きているのかを日本人もきちんと調査できる環境をつくる必要があります。

安倍さんは拉致問題で名を馳せて総理になった方ですから、拉致問題を最優先にするという気持ちもわからなくはないのですが、現状では拉致被害者の方々がどうも政治利用されてしまっているようで、非常にかわいそうだと感じています。

**前川**　北朝鮮の独裁体制を嫌って日朝国交正常化に反対する人も少なくありません。私も北朝鮮の政治体制が好ましいとは全然思いませんが、だからといって北朝鮮を放っておくのはもっとまずい。拉致問題解決のためにはもちろん、日本には在日朝鮮の人たちや北朝鮮とつながっている人たちもたくさんいるし、そもそも日本としてはとにかく東アジアを大切にしなければならないという理由からも、やはりなるべく早く北朝鮮と国交正常化すべきです。

**鳩山**　そもそも朝鮮半島を分断化してしまった責任は日本にもかなりあるのですからね。

## 日本が衰退途上国になってから嫌韓や嫌中が頭をもたげてきた

**植草**　東アジアという視点では、日本には中国の人、韓国の人、朝鮮の人がたくさん滞在しています。中国、韓国、北朝鮮と日本とは歴史的にも関わりが深く、距離的にも非常に近い。同じアジアの民族でもありますから、近隣友好の形で付き合うのが一番いいと思います。
最近は政治面で日本は特に韓国との関係が悪化していますが、一般のレベルだと現実には日本の若い女性などは韓国のK-POPや韓国ドラマに興味を持っていて、韓国に対して良好な感覚を持っている人が多いはずです。
しかしメディアに出てくる情報、なかでもフジサンケイグループの情報には、とにかく韓国を叩くような記事が多く掲載されます。韓国で何か悪いことが起こると、これを歓迎するような報道を繰り広げます。このような報道を真に受けて、一般の日本人のなかにも韓国の悪口を喜んだり、嫌韓運動のようなものに資金を出す人が出てきたりするのは残念に思いますね。

**前川**　不満のはけ口というか、鬱憤《うっぷん》を他国の人に向けている人が本当に多いと感じます。

**鳩山**　基本的に日本が健全に成長している時期には、嫌韓や嫌中という発想にはならないのですが、嫌韓や嫌中が頭をもたげるようになってきたのならば、まさに今、日本は衰退途上国になっているということでしょう。
衰退途上国のような状況にあるときには、国民もやはり強がりをいう人物や団体に魅力を感じるものです。言い換えれば、どこかに悪者をつくって、その悪者を叩くことで、「俺たちのほうが強いんだ」「優秀なんだ」というところを見せる人物や団体に支持が集まる。これが国民的な風潮として盛り上がってくると、政治もまたそれを巧みに利用しようとするのではないかと思うのです。

となると、「仲良くしようよ」といってもダメで、「あいつは悪い奴だ。けしからん」「やってしまえ」「戦争も辞さない」ということになってしまう。それはやはり精神の衰退途上国の現象だと私には見えますね。

私は過去の戦争の過ちについて、戦争で敗れた国は、傷つけた相手が、もうこれ以上謝る必要はないというまで、心の中で謝罪する気持ちを持ち続ける、いわゆる「無限責任論」が正しいと信じます。この「無限責任論」で日本がアジア諸国と接すれば、日韓、日中の戦後問題は自ずから解決して、日本が再び尊厳のある国になるのです。

**植草**　１９９５年の敗戦の日に当時の村山富市総理が、いわゆる「村山談話」を発表しました。そのなかで、「わが国は、遠くない過去の一時期、国策を誤り、戦争への道を歩んで国民を存亡の危機に陥れ、植民地支配と侵略によって、多くの国々、とりわけアジア諸国の人々に対して多大の損害と苦痛を与えました。私は、未来に誤ち無からしめんとするが故に、疑うべくもないこの歴史の事実を謙虚に受け止め、ここにあらためて痛切な反省の意を表し、心からのお詫びの気持ちを表明いたします」と述べています。

ここには「植民地支配」「侵略」「痛切な反省」「心からのお詫び」といった言葉が盛り込まれています。それなりに和解のための作法が一歩進展したと感じます。

ところが時間が経って日本のなかに、いつまでも謝る必要はないというような論調が浮上し始めているのも、日本の国力の衰退と連動しているのでしょうか。

**鳩山** それはやはり国力の衰退と連動している面があると思います。村山総理以後の総理はみなさん、口では「村山談話を踏襲する」と国会で答弁していますが、村山談話の内容に触れず、心からお詫びの気持ちで述べておられた方は少なかったように記憶しています。

**孫崎** しかし国家間の問題では、両国民の感情的な部分と法的な部分とがゴチャ混ぜに議論されがちで、それがさらに問題を悪化させるようなところがあります。

日本と韓国の関係だと目下、戦前の損害賠償問題や従軍慰安婦の問題が再び吹き出してきています。これらを人権規約に関連させて法的な部分の外交の問題として話すと、まず1965年の日韓基本条約と日韓請求権協定で「政府レベルでは個人の問題も含めてすべて賠償を要求しない」と日韓の政府同士で合意したわけです。

1979年に日本は国際人権規約の一部に留保をつけて批准しました。この人権規約には「政府が個人の権利をもし認めないような行動を取ったときには、人権規約を締結する他の国はその個人の人権を復活する義務を負う」と書いてあります。

したがって本来なら、日韓政府は個人への損害賠償も放棄することに合意したけれども、それは個人の人権を踏みにじる行為となるので、日本が人権規約を尊重する以上、日韓基本条約での個人が要求する権利がないという立場は取ることができないのです。

実はそれを日本の外務省も受け入れて、後に外務次官にもなった柳井俊二さんが条約局長のときに1991年8月27日の参議院予算委員会で、「いわゆる個人の請求権そのものを国内法的な意味で消滅させたというものではございません」と答弁したのでした。ようするに、損害賠償は個人の権利としては残っているということです。

その後、訴訟でも日本の裁判所も基本的に個人の権利としての損害賠償は認めています。だから1990年代は戦前に加害をしたのであれば、謝らないといけないと村山談話も含めて、そのことをしっかりと受け止めていこうというムードが日本政府にもあったわけです。

ところが、どこかの時点からそれが変わってしまって、今では韓国に対して強硬に出ることが正しいということになってしまいました。そのため日本国民に「日韓基本条約と日韓請求権協定があったとしても個人の権利は守らなければならない」といっても、「その通りだ」という人はほとんどいなくなっています。

**植草**　あるときに国と国の間で何らかの取り決めをしても、その後の法律学の発展によって考え方が変更される部分があるので、取り決めをした時点の判断や解釈とその後の取り決めの解釈や扱いに違いが生じてもおかしくはないわけですね。

この点、たとえばＮＨＫの日韓問題のニュースでは「日本政府は韓国政府に対して国際法に違反している状態の解消を求めた」とだけ報道します。この報道を耳にすると日本国民は「韓国の対応は国際法に違反している」と思うわけです。しかし国際法に違反しているというのはあくまでも日本政府の主張であって、韓国には自国は国際法に違反していないという韓国の主張があります。

放送法第4条の規定に照らしても、ニュース報道では「日本政府がAという主張をし、韓国政府はBという主張していて対立しています」と伝えるのが正しいのです。ところがメディアが日本政府の言い分だけを伝えて、同時に存在するこれとは異なる考え方、言い分をまったく伝えないと、日本国民は極めて偏った情報しか持つことができなくなってしまいます。

**前川**　そのようにメディアを通して相手の国を見るのと、実際に相手の国の人たちと身近に接するというのでは相手の国に対する印象や理解も全然違ってきます。

文科省でも地道な国際交流を広げていく活動を行ってきました。そのなかでもキャンパス・アジアプログラムは、日本、中国、韓国の3カ国の政府の合意により、大学間交流の推進を通してグローバル人材の育成と大学教育のグローバル展開力の強化を目指すというものです。2011年度からは第1期として5年間のパイロットプログラム、2016年度からはさらに第2期としてこれも5年間にわたってキャンパス・アジア事業を実施し、日中韓の学生たちが交流するためにお互いの国へ行って学び合うという取り組みなどを行っています。

このように地道な文化交流は持続していくのが大事ですね。それで国民同士の相互理解を深めていく営みを続けていくと、東アジア共同体といったものにも結び付くのではないでしょうか。いずれにせよ、お互いの主権を尊重しつつ仲良くやっていくという共存共栄の仕組みができればいいなと思います。

**鳩山**　キャンパス・アジアの話が出て嬉しいですね。これは、アジアが1つのキャンパスという発想の下で中国、韓国の学生たちと日本の学生たちがもっと交流できるような環境をつくろうということで、私が総理のときに船出させたものです。

ただし、今はどうもこのキャンパス・アジアには日本だけが腰が引けているという気がします。東アジア全体が1つのキャンパス、1つの世界だという気持ちで、日本ももっと積極的に関わっていかなければいけないと思います。

**前川**　それでも日本の大学には大勢の留学生が来ているので、実際のキャンパスでも日常的に各国の学生たちの交流が行われるようになっています。

私も現在、日本大学文理学部で教員として教えているのですが、私のクラスにも中国人留学生や朝鮮高校出身で韓国籍を持っている学生もいて、日本人の学生と溶け込んで仲良くやっている。先ほど東アジア共同体の話をしました。まさに私のクラスはもう東アジア共同体ですね。

**鳩山**　孫崎さんが述べられたように、経済的に中国が米国を凌駕し始めてきた以上、米中対立の時代はこれからしばらく続くと思われます。そのような時代に、米中の狭間のアジアの国々、日本、韓国、そしてＡＳＥＡＮ諸国は、一方の側について他方とは敵対関係になることはけっして許されません。

そこで冒頭にも申し上げましたように、情報通信分野や中距離ミサイルの配備問題など、米中の火種となるような問題に対して彼らが本当に火を噴かないように、日本は米中の間に入って協力の道を模索する外交を行うべきです。

ただ日本一国だけでは重荷が大きすぎます。そこで日本はまず韓国、そしてＡＳＥＡＮ諸国にも呼び掛けて、彼らと一体になって米中に協力を求めるのです。その前提として、日本は「無限責任論」で韓国などとの歴史問題を解決に向けて努力する必要があるでしょう。キャンパス・アジア構想も大いに意義があると思います。前川さんがおっしゃったように、東アジア共同体の構想が前進すれば、米中対立の時代にも東アジア諸国が協力して米中を対立から協力の方向に向けさせることで、乗り切っていくことができるのではないかと思います。

# 第3章

# 脱炭素と原発政策

鳩山友紀夫

## 原発ゼロでも脱炭素社会を実現できる可能性は十分にある

**植草**　最近、日本でもＳＤＧｓ（持続可能な開発目標）が話題になっています。ＳＤＧｓは２０１５年9月の国連サミットで採択された「持続可能な開発のための２０３０アジェンダ」の２０３０年までに持続可能でよりよい世界を目指す国際目標です。貧困と飢餓の撲滅、健康的な生活の実現、気候変動への対応、教育機会の提供など17のゴールによって構成されています。

これらは世界的な政治の主導権争いとも絡んでいるわけで、気候変動への対応の延長線上にあるのが「脱炭素」です。菅総理は２０２０年10月の所信表明演説で「２０５０年カーボンニュートラル、脱炭素社会の実現を目指す」という方針を打ち出しました。

一方、日本には原発問題があって、日本の原発産業にはＳＤＧｓを原発推進に利用するという動きがあるとも感じています。私は脱炭素が重要なテーマであることを否定しませんが、大前提として原発ゼロを置くものでなければならないとの強い考えを持っています。

**鳩山**　菅総理の所信表明はカーボンニュートラルを実現するために、安全性を確認しながら原発を推進するという意向でもあるようです。すなわちカーボンニュートラルな世の中を実現す

## SDGs（持続可能な開発目標）17の目標

| | |
|---|---|
| 1 | 貧困をなくそう |
| 2 | 飢餓をゼロ |
| 3 | すべての人に健康と福祉を |
| 4 | 質の高い教育をみんなに |
| 5 | ジェンダー平等を実現しよう |
| 6 | 安全な水とトイレを世界中に |
| 7 | エネルギーをみんなにそしてクリーンに |
| 8 | 働きがいも経済成長も |
| 9 | 産業と技術革新の基盤をつくろう |
| 10 | 人や国の不平等をなくそう |
| 11 | 住み続けられるまちづくりを |
| 12 | つくる責任つかう責任 |
| 13 | 気候変動に具体的な対策を |
| 14 | 海の豊かさを守ろう |
| 15 | 陸の豊かさも守ろう |
| 16 | 平和と公正をすべての人に |
| 17 | パートナーシップで目標を達成しよう |

るために原発をなくてはならないものだという位置付けにするのではないかと感じました。これではいけない。

**植草**　鳩山（友紀夫）政権では発電における原発の比率を50％にするという方針を打ち出したのですが、それについて今ではどうお考えですか。

**鳩山**　完全に誤った方針でした。当時、過渡的エネルギーとして原発の開発を認めるというふうには決めていて、過渡的エネルギーだから何パーセントにするかということになったのでしょうけれども、今から思えば非常に浅薄な話だったのです。

小泉純一郎元総理も総理だったときには原発を認めていました。しかし今や完全に「原発はノーだ」という立場です。同じく私もまったく「ノー」で、日本には少なくとも原発はまったく似合いません。2011年3月11日に福島第一原発が大変な事故を起こして世界中に迷惑をかけました。地震大国にして津波大国でありますから、原発の建設は非常に危険です。できるだけ早く既存の原発もゼロにしなければなりません。

問題は、カーボンニュートラルは原発ゼロでも十分できるか否かなのです。ということで、2050年までには原発をなくして、しかもカーボンニュートラルの世の中ができるのかどうかを計算してみました。今、日本で排出されている二酸化炭素はだいたい年間11億トンになります。つまりカーボンニュートラルにするためには、この11億トンをどうやってゼロにまで減らすのかということです。

計算のうえでは、まず発電では、原発は使わず、火力発電の化石燃料の代わりに再生可能エネルギーである水力、太陽光、風力、地熱、バイオマスを使うことによって二酸化炭素を相当減らすことができます。

個別には太陽光発電はこれまでの増え方で十分に賄えるのですが、風力の場合はかなり増やさなければいけません。世界の潮流は風力なのですが、日本でもようやく洋上風力発電に力を入れ始めましたし、どんなに風が強くてもハネが折れない工夫が施されている風力発電など技術もどんどん向上しています。地熱やバイオマスの発電はそんなに無理して増やさなくても大丈夫でしょう。

こうして発電で化石燃料から再生可能エネルギーに切り替えて二酸化炭素を5億トンくらい

減らすことができます。

**植草**　経産省が最近、電源別の発電コストの試算について詳しい数値を発表しました。原発は2030年時点で1キロワット時11・7円以上。それに対して事業用太陽光が8・2〜11・8円ともっとも安くなるそうです。なんと将来、太陽光のコストが原発を下回る見通しです。

**鳩山**　運輸その他でもけっこう二酸化炭素を出しています。たとえば運輸車両では燃料をガソリンや軽油などから電気や水素にすべて切り替えることによって、二酸化炭素を大幅に減らすことができるはずです。合計すると2億トンは減ります。

それから、みんなが毎年1％ずつ省エネをして暮らすようになると1億トンを減らせます。さらに日本ではこれからの人口減少が大きく、2020年は1億2581万人だったのが2050年には9515万人になると推計されています。ですので当然、人口減少分だけ二酸化炭素が減るはずです。これが1億トン。

以上から全体では9億トンの減少になるわけですが、11億トンにはまだ2億トン足りません。では、どうやって2億トンを減らすかというと、森林と海洋植物による二酸化炭素の固定を利用するのです。

**孫崎**　森林と海洋植物の利用、ですか。

**鳩山**　はい、しかし日本の森林はかなり傷んで老朽化しています。最盛時には1億トンくらいの二酸化炭素を吸収できたようですが、今は半分くらいになっている。もう1度森林を再生させていくと二酸化炭素の吸収量も増えていくはずです。

海洋植物については、まだ世界でもほとんど関心が持たれていません。それでもモズク、アマモ、海ブドウ、コンブ、ワカメなどは食べられるだけではなく、二酸化炭素を吸収できる貴重な植物でもあるのです。光合成が可能な水深10メートル以内の浅い海で、うまく海洋植物を栽培できるようなテクニックを見出すことができれば、二酸化炭素もどんどん固定できます。日本は海洋国なので、海洋植物は固定の方法として非常に魅力的です。

海洋植物は森林の10倍以上も二酸化炭素を固定する能力があるという研究者もいるので、森林と海洋植物の2つをうまく二酸化炭素の固定に活用することができれば、合わせて2億トンは減らせるでしょう。

以上から、合計11億トンの二酸化炭素を減らせるという計算になるわけです。大まかな計算なので、実際にはもっと緻密《ちみつ》な計算が必要になるでしょうが、脱原発でも日本でカーボンニュートラルの世の中を実現することは不可能ではないというメッセージとして受け取っていただければと思います。

**植草**　二酸化炭素を地中に閉じ込める技術もありますね。

**鳩山**　それはCCS（二酸化炭素回収・貯留）で、発電所や化学工場などから排出された二酸化炭素を集めて地中深くに埋めてしまう技術です。世界ではCCSも脱炭素の1つの主流になっていく可能性はあります。

ただし日本でも以前、CCSの実験を新潟県長岡市で行うことにしていたのですが、実験をやり始めたとたんに中越地震と中越沖地震という2つの地震に見舞われてしまったのです。長岡での実験は開始から1年半後に終え、必ずしも学問的決着が付いたわけではありません。しかしCCSの実験が大地震を引き起こしたのではないかとの疑いは残っています。

その後、CCSの実験は私の選挙区だった北海道苫小牧市に移って始まりました。すると2019年2月21日に今度は苫小牧市で地震が起きて、隣接する厚真町では北海道では初めて最大震度7が観測されて山肌が地滑りを起こし、多くの人命が奪われました。この地震の直後、私はツイッターで「厚真町の地震は苫小牧での炭酸ガスの地中貯留実験CCSによるものではないか」と書いたところ、北海道警察から「鳩山がデマを流した」と批判されました。しかし、これはけっしてデマとはいい切れません。北海道大学の地震学者もその可能性は十分にあると指摘しています。

**孫崎**　因果関係があるような気がしますね。

**鳩山**　だから私は、CCSでは圧力によって二酸化炭素を封じ込めるので、地中の断層などに何かの影響を及ぼし、地震を起こしてしまう可能性があるのではないかと心配しているのです。

ＣＣＳは採用すべきではありません。

**孫崎**　原発ゼロでのカーボンニュートラル実現の可能性が出てきたとはいえ、原発推進派の力も依然として衰えないようですね。

**植草**　原発推進の動きに警戒しなければなりません。

２０１４年５月に福井県の関西電力大飯原発の運転差し止め判決を出した福井地裁の樋口英明裁判長は定年退官後、原発の問題点を書いたり話したりする活動をしています。その問題点の指摘で一番わかりやすいのが原発の耐震設計基準です。

現実に日本では１０００ガルを超える地震が何度も起こっているのに、大飯原発の耐震設計基準は７００ガルでした。具体的には２０００年以降に発生した地震の強さのトップ５は、岩手宮城内陸地震（２００８年）４０２２ガル、東日本大震災（２０１１年）２９３３ガル、中越地震（２００４年）２５１５ガル、北海道胆振東部地震（２０１８年）１７９６ガル、熊本地震（２０１６年）１７４０ガルとなっています。

大飯原発以外の日本の原発も、ほとんどが１０００ガル以下の耐震設計にしかなっていないのです。なぜそうなったかというと、関東大震災でも地震の揺れの強さは３５０から４００ガル程度だという前提で耐震設計基準を決めたためでした。ところが最近の地震の強さをはかる技術の精度向上によって１０００ガルよりも、はるかに強い地震がしばしば発生していることが判明したのです。

阪神淡路大震災が起こってから、三井ホームや住友林業などの住宅メーカーは住宅の耐震設計基準を3000ガル以上に引き上げています。それなのに原発は1000ガル程度の基準で放置されているのです。樋口裁判長が大飯原発の運転差し止めを命じる判決を下したのも当然でしょう。

しかし、他の原発関連の訴訟では、ほとんどの裁判所が「原発訴訟は高度の専門技術訴訟である」として、原子力規制委員会のつくった規制基準が正当な手続を踏んで作成されたこと、前後の脈絡が合っていて学者が支持していれば、それで合理的として運転を認める判決を出してしまいます。だから原発の耐震設計基準は、低いままに放置されているのです。最近では運転開始から40年経過した原発の運転延長がありうることになったり、停止していた原発の再稼働が増えてきたりしていることを非常に危惧しています。

## 「もんじゅ」廃炉と核燃料サイクルの維持という政策の矛盾

**鳩山**　文科省所管の原発分野もありますが、前川さんは原発政策についてどうお考えですか。

**前川**　原発はもともと科学技術庁が所管していて、2001年の省庁再編で大部分は経済産業省に移りました。ところが原子力損害賠償法の所管は科学技術庁を引き継いだ文部科学省に残ったのです。原発は経産省がすべて引き受けるべきでした。結局、後始末のところだけが文科省に残されるというおかしな形になっています。

**植草**　省庁間の駆け引きがあったのですね。

**前川**　これは別の言い方をすると、お金になる部分は経産省が持っていって、逆にお金が必要になる部分は文科省に置かれたということです。当時は原発事故が起こるような事態はないだろうと想定していたのでしょうが、現実には原発事故は起きてしまいました。

原子力関連ではもう1つ文科省に残った仕事があります。福井県敦賀市にある高速増殖原型炉の「もんじゅ」です。高速増殖炉はＭＯＸ燃料（プルトニウム・ウラン混合酸化物）を使用し、消費した量以上の燃料を生み出すことが期待された原子炉です。もんじゅはその実用化のための研究用原子炉なので、商業用原子炉と異なるという位置付けから文科省の所管となったのでした。

原発の最大の問題は放射性廃棄物（核のごみ）が大量に出るということです。それなら、放射性廃棄物をできるだけ低減しながら、かつ「核燃料サイクル」を回していくという原発政策を進めればいい。そんな一縷《いちる》の望みを持ってつくられたのがもんじゅでした。もんじゅの後には実証炉から商用炉まで持っていくという計画だったのです。

文科省でも私は文部省系ですが、もんじゅは科学技術庁系の担当です。科技系官僚にしてみると1つの希望であり、夢だったのです。それが突然、私が事務次官だった2016年12月に官邸がもんじゅに死刑を宣告し、廃炉が正式決定したのでした。

もんじゅには、何か呪《のろ》いがかけられていたのではないかという気さえします。とにかく動かすと必ず事故が起きる。結局、金食い虫にしかならなくて、見るべき結果はほとんど挙げられませんでした。

廃炉を決めたのは安倍政権です。彼らは一般の原発はどんどん再稼働させるという考え方ですから、廃炉によってもんじゅを原発再稼働の代償、つまりスケープゴートにした側面があると思います。評判の悪いもんじゅの廃炉で原発再稼働に対する世論の厳しい見方を和らげようとしたのでしょう。

**鳩山**　しかし「プルサーマル計画」は継続しています。

**前川**　原発の使用済燃料から再処理して取り出したプルトニウムにウランを混ぜたMOX燃料を原発で使うというのがプルサーマル計画です。つまり、MOX燃料を一般の原発でも使えば、核燃料を使い回す核燃料サイクルが成り立ちます。けれども本来、MOX燃料は高速増殖炉で主に使用することが想定されているため、もんじゅを廃炉にすると、プルサーマル計画だけで核燃料サイクルを続けることはできなくなります。政策的に核燃料サイクル政策が破綻するのです。

だから、もんじゅをやめるが核燃料サイクルは続けるというのは、かなり矛盾に満ちた政策ということになります。この政策は今でも維持されています。というのは、プルトニウムは持つこと自体が国際問題になるので、それを核燃料サイクル政策の維持によって回避できると政府が考えているからです。

しかし核燃料サイクル政策の破綻が目に見えている以上、もんじゅの廃炉の決定と同時に核燃料サイクル政策も放棄しなければいけなかったと思います。おそらくもんじゅの廃炉は原子力政策全体を見直す絶好の機会だったし、併せてやはり原発ゼロを目指すしかないという方針に向けて、もっときちんとした議論もできたはずです。

今や日本では、本当に一貫性のない、でたらめな原発政策が行われているといっていいでしょう。

**孫崎** 教育の面では文科省は「放射線教育」も担当していると聞いていますが。

**前川** そうです。文部省時代は原発政策を推進する政府の一員ではあるけれども、「放射線は怖くない」という教育をするバイアス（偏り）はありませんでした。ただし放射線が、どういうものかを科学的に学ぶのは大事です。一方、科学技術庁はもともと放射線教育のための教材づくりを行い、「放射線は怖くない」ということをアピールする活動も実施していました。

省庁再編後の文科省は、日本中の学校に放射線教育の教材を配布するようになったのですが、結局、放射線は怖くないというイメージを植え付ける結果になってしまいました。これも文部省と科学技術庁が一緒になったことによる1つの負の影響だと思っています。

**植草**　放射線の低線量被曝については、ある一定水準を超えなければ負の影響がないとする「閾値《しきい》」が存在するのかどうかについての論争があります。それでも累積線量100ミリシーベルト以上の被曝はガン発生確率を0・5％引き上げるとの有意な因果関係を認定する科学的知見が存在します。

実は、2011年3月11日に東日本大震災が発生した直後に発出された「原子力緊急事態宣言」がいまだに解除されていないのです。原子炉など規制法および放射線障害防止法などにより、一般公衆の被曝上限は年間1ミリシーベルトに定められていますが、「原子力緊急事態」であることを理由に法定値が無視されています。

福島県では、年間線量20ミリシーベルト以下が見込まれる地域は帰宅困難も解除されました。20ミリシーベルトを許容してしまうと、5年間居住すれば累積線量100ミリシーベルトになってしまいます。放射線被曝に関する科学的知見の情報を十分に浸透させずに、福島で今も年間線量20ミリシーベルトの被曝を強要していることは、政府による市民に対する加害行為であるといっても過言ではありません。

帰宅困難指定の解除にともない、避難している人に対する補償も打ち切られました。福島では原子力緊急事態宣言を発出したまま、高線量の被曝地域に人々を帰還させてしまったのです。

## 住民への懐柔と脅しに原発政策の一番醜い姿が表れている

**孫崎**　原発は危険だからやめなければいけないというのはその通りなのですが、私は原発政策が歪められた構図になっていることにも強い関心を持っています。原発と米軍基地の構図は同じだともいわれます。それでも原発のほうがはるかに醜《みにく》い政策をたくさんやっていますし、住民を懐柔するとともに反対者を排除していくメカニズムも一番強い。

懐柔というのは、地方の人たちにお金をあげて原発推進の賛同者を増やしていく、あるいは同じく反対者を減らしていくということです。

反対者の排除では場合によっては脅しという手段も使われます。この点で、元検事の郷原信郎さんが、ある電力会社が設けた委員会の委員長に就任したときの話を紹介しましょう。電力会社は郷原さんをうまく使える、自由に操れると踏んだのですが、途中から郷原さんは電力会社の意向と違う、反対の政策をとるようになりました。それで郷原さんには、「暴力団が郷原排除に動いている。あなたは生命の危険にもさらされるかもしれない」といった内容の情報が

2カ所からもたらされたのです。1つがそれまでまったく付き合いのなかった日本共産党から、もう1つは地元の暴力団関係者からでした。

郷原さんは検察の特捜部にいたので、たぶん警察ともパイプがあるでしょう。そんな人を脅すことまでやる勢力があるのです。生命の危険にも及ぶような脅し方は、他の運動にはあまりありません。それが原発関係では存在するわけです。

生命の危険の段階に行くまでには、いろいろな形の脅し方があるようですが、おかしい政策を実行するためにお金を使い、場合によっては反対者を脅すという一番醜い姿が原発関係には表れています。

**鳩山**　原発においては、住民だけでなく、もちろん地方の首長もお金でほっぺたを叩いて推進に導いていくわけです。この間、高知県知事も務めた橋本大二郎くんという私の小学校のクラスメイトと話し合ったことがあります。

日本国内には原発から出る高レベル放射性廃棄物の最終処分場がまだないため、これも原発の抱える大きな問題となっています。橋本くんが高知県知事のとき、原子力発電環境整備機構から「おたくの県で最終処分場のための文献調査をさせてくれればお金を出す」という話が持ち込まれました。これに県下の東洋町が経済的に厳しい町なので、その話に乗りたいとして名乗りを上げたのです。そのときには町民に反対運動が起こって、町長選で現職町長が大敗しました。だから町民がとても開明的だというか、お金でほっぺたを叩かれても動じなかったというのがあります。

同じことが2020年にも北海道の寿都《すっつ》町と神恵内《かもえない》村で起きました。両自治体は東洋町よりも、さらに経済的に厳しかったのでしょう。両自治体とも「文献調査だけでやめてもかまわないといわれたので、文献調査だけしてやめるつもりだった」と述べています。

つまり最後までやるかやらないかではなく、文献調査をやるだけでお金はもらえるということで話に乗ってしまったわけです。

たしかに両自治体が文献調査を受け入れた文書には「いつでも調査を止めることができる」と書いてある。だけれど、それは最終的に「ノー」にすることではないようです。たとえ今の首長が文献調査だけでやめたとしても、次の首長が最終処分場の推進派なら、生き返るような話なのです。ようするに文書では、一時休止はできるけれども、いつでも復活できるような文言になっています。非常に危ない。また最終処分場に住民が反対したとしても、原発推進側の連中はそんな簡単にはあきらめないから、橋本くんも非常に心配していました。

**孫崎**　原発関連施設の新規建設もありますが、既存の施設すなわち福島第一原発の事故処理も残っています。

**植草**　福島第一原発事故によるデブリ（原子炉建屋内の構造物と核燃料が溶け合ってできた残骸《ざんがい》）

の処理は非常に難しい。デブリを取り出すとなると、巨額の費用と長い年月がかかってしまいます。

放射能による汚染水の処理もこれから大きな問題になるでしょうが、汚染水の量を減らすために、これまでに実施されたのが凍土壁方式でした。これは原子炉建屋の周囲に約1500本の凍結管を差し込んでマイナス30度の冷却液を流し、土壌を凍らせて壁をつくります。これによって、地下水が原子炉建屋に流れ込んでできる汚染水の量を減らすというものです。

現実には凍土壁方式は汚染水を減らすのに何の役にも立たず、お金の無駄遣いでした。

**鳩山**　最初から凍土壁方式など絶対にできるはずがなかった。そんなことをなぜやってしまったのか。

デブリ処理については、デブリを取り出すというのではなく、チェルノブイリ原発と同じく石棺方式しかありません。チェルノブイリでは高さ約100メートルのアーチ型のシェルターによる石棺を採用しています。福島第一原発でも石棺でふさげば、放射性物質を封じ込められる。私は最初のころから石棺しかないと考えていました。

福島原発事故後の同じ2011年、まだ国家副主席だった習近平さんと私は北京でお酒を飲む機会があってわりと親しく懇談したのです。

懇談で私は、「最終的には福島第一原発は石棺でふさがなくてはいけないので、その前段階でこれにはスズという金属が大量に必要になる。日本には十分な量のスズがないから、スズの大産地である中国からスズを大量に購入することになるかもしれない。そのときにはどうぞよろしく」と習近平さんに申し上げたのでした。

けれどもその後、日本ではいっさい石棺の話は出てきません。現実的には石棺方式以外には考えられないのだから、日本政府も真剣に検討してほしいですね。

植草さんのお話を伺って、原発はその設計の段階から大地震大国日本には不適切な発電施設であったことが明らかになりました。しかし小泉首相や私を含め、政治指導者たちは原発の安全神話を安易に信じた結果、福島第一原発事故というとてつもなく悲惨な災害を引き起こしてしまいました。その責任の大きさを認めれば、二度と同様な災害を起こさぬように、原発をできる限り早期に全廃すべきことは「良心」です。それにもかかわらずカーボンニュートラルを錦の御旗にして、時には経済界や司法の応援の下に原発が再稼働されてきています。私はそこで、原発なしであっても再生可能エネルギーの積極的推進によって2050年までにカーボンニュートラルの日本を実現することができる方法があることを示しました（季刊 フラタニティ第21号参照）。私たちは地球温暖化防止と原発ゼロを両立させることを諦めてはなりません。

# 第4章

# 日本の財政と経済政策

植草一秀

## 補正予算73兆円は国民に対する5回分の一律給付金にできる

**植草**　日本の一般会計の２０２１年度当初予算は総額１０６・６兆円で、国債費と地方税交付金以外の一般歳出は66・９兆円です。一般歳出から社会保障関係費を除くと、残りの政策的な歳出は新型コロナ感染症対策予備費を含めて31兆円になります。

今回のコロナ関連では２０２０年度に第１次、第２次、第３次と補正予算が組まれ、規模は第１次25・７兆円、第２次31・９兆円、第３次15・４兆円と合計で約73兆円に達しました。これはすべて新規の国債発行増発で賄われます。

財政支出の景気浮揚効果を分析するときには、実際に政府がどれだけお金を調達して支出を追加するのかという部分を「真水」と表現して重要視します。２０２０年度の補正予算は真水の規模で73兆円ということになります。ＧＤＰ比で13％もの政府支出が追加されたわけで、史上空前といえる規模の真水での財政支出追加が行われました。

この73兆円のなかで比較的透明といえる補正予算費目は19・２兆円です。その内訳は１人10万円の一律給付金（特別定額給付金）13兆円、持続化給付金４・２兆円、家賃支援給付金２兆円で、いずれもその大半は国から国民に直接給付されるため、比較的透明な資金の流れだとい

## 利権財政の塊＝コロナ補正予算

▼第一次補正　歳出の補正

| | |
|---|---|
| 新型コロナウイルス感染症緊急経済対策関係経費 | 25,565,499 |
| 感染拡大防止策と医療提供体制の整備及び治療薬の開発 | 1,809,653 |
| 雇用の維持と事業の継続 | 19,490,481 |
| 次の段階としての官民を挙げた経済活動の回復 | 1,848,184 |
| 強靭な経済構造の構築 | 917,181 |
| 新型コロナウイルス感染症対策予備費 | 1,500,000 |
| 国債整理基金特別会計へ繰入 | 125,854 |
| 合計 | 25,691,354 |

▼第二次補正　歳出の補正

| | |
|---|---|
| 新型コロナウイルス感染症対策関係経費 | 31,817,054 |
| 雇用調整助成金の拡充等 | 451,901 |
| 資金繰り対応の強化 | 11,639,040 |
| 家賃支援給付金の創設 | 2,024,177 |
| 医療提供体制等の強化 | 2,989,205 |
| その他の支援 | 4,712,731 |
| 新型コロナウイルス感染症対応地方創生臨時交付金の拡充 | 2,000,000 |
| 低所得のひとり親世帯への追加的な給付 | 136,479 |
| 持続化給付金の対応強化 | 1,939,995 |
| その他 | 636,258 |
| 新型コロナウイルス感染症対策予備費 | 10,000,000 |
| 国債整理基金特別会計へ繰入 | 96,343 |
| 追加額計 | 31,913,397 |
| 既定経費の減額 | △2,026 |
| 合計 | 31,911,371 |

▼第三次補正　歳出の補正

| | |
|---|---|
| 新型コロナウイルス感染症の拡大防止策 | 4,358,119 |
| ポストコロナに向けた経済構造の転換・好循環の実現 | 11,676,585 |
| 防災・減災、国土強靭化の推進など安全・安心の確保 | 3,141,429 |
| 小計 | 19,176,133 |
| その他の経費 | 25,188 |
| 地方交付税交付金 | 2,633,937 |
| 税収減に伴う一般会計の地方交付税交付金の減額の補塡 | 2,211,837 |
| 地方法人税の税収減に伴う地方交付税原資の減額の補塡 | 422,100 |
| 追加額計 | 21,835,257 |
| 既定経費の減額 | △4,196,348 |
| 地方交付税交付金の減額 | △2,211,837 |
| 修正減少額計 | △6,408,185 |
| 合計 | 15,427,072 |

**補正予算規模は合計で73兆円**

これだけの予算があれば
**一律給付金　5回実施**（10万円×5回）
**消費税率0%　3年間実施**
**消費税率5%　6年間実施**　が可能
比較的透明な補正予算項目は**合計19.2兆円**
**一律給付金　13兆円**
**持続化給付金**　一次　2.3兆円
二次　1.9兆円　**合計　4.2兆円**
**家賃支援給付金**（二次）**2.0兆円**
**残り54兆円の大半が利権支出**
資金繰り対策
一次　3.8兆円　二次　11.6兆円
三次　3.3兆円　合計　**18.7兆円**
**＝天下り金融機関への資金贈与**
ポストコロナ経済構造・好循環（三次）
デジタル・グリーン　2.8兆円
構造改革・イノベーション　2.4兆円
GoToトラベル　一次・三次　2.7兆円
防災減災国土強靭化（三次）　3.1兆円
予備費（二次）　10兆円

えるわけですが、残りの約50兆円については非常にわかりづらいというのが私の印象です。

約50兆円のうち資金繰り対策が18・7兆円。つまり、コロナで企業経営が悪化し資金繰りが非常に厳しくなっているため、そこに18・7兆円の予算が計上されているということです。これは一般会計予算での政府支出なのですが、経営が悪化している企業に直接支出されるのではなく政府系金融機関への出資金になっています。言い換えれば、政府から政府系金融機関への資金の贈与です。天下り先の政府系金融機関への資金提供ということになり、国民のための予算配分というよりも官僚の天下り機関の強化という側面が強いものだと思います。

資金繰り対策として実質無利子・無担保の融資が広範に実施され、その融資を政府系金融機関が担うわけで、コロナ対策での融資が未曽有の規模で膨らみました。その結果として企業倒産が抑えられているという面はあるものの、借り手側の企業からすると融資資金は給付金ではなく、あくまでも返済しなければならない有償の資金です。返済は2021年夏ごろから始まることになっているので、今後、倒産が増えるのではないかと危惧されています。

資金繰り対策以外では、ポストコロナ経済構造・好循環という名目で、デジタル・グリーンに2・8兆円、構造改革・イノベーションに2・4兆円、GoTo関連に2・7兆円、防災減災国土強靭化に3・1兆円が計上されるとともに、予備費が10兆円も計上されました。これらの費目は極めて不透明で利権の香りがプンプン漂います。

**前川**　私は財政の専門家ではありませんが、今回のコロナ対策を見ても、やはりお金の使われ方がおかしいと非常に強く感じています。

たとえば中途半端な休業要請や時短要請で、結局、飲食店は持ち堪《こた》えられずに、東京では夜中までお酒を提供している居酒屋がたくさん出てくるわけです。これもお金で支えてあげれば、彼らだって感染を拡大させたいとは思っていないので、きちんと休業も時短もできると思います。生きるか死ぬかまで追い詰められると、店を開けざるをえなくなる。やはり直接、困っているところに届くお金が少なすぎます。

またコロナ対策では国民に直接届く部分が弱い。とにかく、まずはお金を配ってとにかく人が死なないようにするのが最優先です。それなのに、それが十分にはできていません。だから一家心中が増えるようなことにもなっているのです。

私が一番心配なのは子どものことですが、子どもの貧困はようするに女性の貧困なのです。女性の貧困をどう支えるか。特にシングルマザーは厳しい状況で、観光業や飲食業などの第三次産業の一番弱い部分、労働力として切り捨てられがちな部分に置かれています。

非正規労働に就いている母親が多くて、コロナで職を失い、その日食べるものがないという状況に追いやられている家庭も多いのです。まずはそういうところに適切な給付をすべきだったし、今からでもすべきだと思います。

学生も大変です。特に親の仕送りがない学生は学費納入を諦めざるをえないところまできています。アルバイトが減った学生に最大20万円配りましたが、その後も配る必要がありました。とすれば、一律給付金も何度でも配るべきでしょう。一律給付金には、お金持ちにも同じ10万円を配るのはおかしいという批判もありますが、一度配った後でお金持ちに課税すればいいし、実際、確定申告の時点で金持ちから一律給付金を取り戻すことは十分に可能だと思います。

**植草** そのように一律給付金を課税対象にすれば、金持ち優遇という批判を緩和することができます。たとえばコロナ関連補正予算73兆円のすべてを1人10万円の一律給付金に回すなら、5回実施できて8兆円ほどのお釣りが残ります。5回実施なら家族4人の1つの家庭に合計200万円が給付されますので、コロナ対策としても相当大きな力になる。

また73兆円で消費税を減免する場合、消費税収入は20兆円ですから、消費税率0%なら3年間持続できますし、5%なら6年間持続できるわけです。

**鳩山** コロナで一律給付金や持続化給付金などが出るのはありがたいとしても、政府の迅速性のなさも大きな問題です。ドイツなどでは即座にお金が出たのに、日本では非常に遅れてしまいました。1～2カ月遅れるだけでも、経営に相当な影響が出ます。こういう日本政府の対応は改善しなければなりません。

**植草** かつて鳩山さんが野党の時代に党首討論をしたとき、「しっかり人を支える政策を打つことが大切だ。今は修学旅行に行きたいのに諦めるような子がたくさん出ている」という話を感動しながら涙して聞いた覚えがあります。今回コロナであぶり出された日本の貧困問題や格差問題では、そういう部分に政策の軸を戻すことが非常に大事だと思います。

**鳩山**　一律給付金は直接給付ですが、中間搾取をさせず、特に天下り先にお金をばらまくようなことはやめて、大事な国民の税金を本当に必要な人たちに直接配るのは当たり前です。

直接給付では民主党政権は、子ども手当、農家の個別所得補償、高校授業料無償化などを実施しました。それを「ばら撒き」とされて、「選挙のためにばら撒きをやるのはけしからん」というような批判を受けましたが、本来そうあるべきなのです。

**植草**　国庫から国民に直接手渡しする支出はよい財政支出のあり方なのに、そういう政策に対して官僚機構が「ばら撒き」だと批判するのです。

**鳩山**　ただし直接給付を隠れ蓑にして、その途中でおかしなところにどんどんお金をつぎ込むようなことも起こります。今回のコロナ対策でもそのようなことが非常に目立っていて、たとえば政府と癒着している大企業とか、天下り先の情報産業やＩＴ企業など、それこそ政府関係者の仲間に最終的に仕事をさせたりしているので、ソフトが正常に稼働しなかったりシステム故障したりするのです。こんな無駄遣いはするべきではありません。

本当に必要なところにお金が迅速に出ていかない点を根本的に治療しなければいけない時期

を迎えていて、それがコロナで明確に露呈されました。

**前川**　アベノマスクなんていうのもありました。

**植草**　政府から国民に直接渡すお金の支出は透明であるべきです。

アメリカ政府の予算にはプログラム支出と裁量支出という区分があって、制度化され自動的に支出が決まるのがプログラム支出、年度ごとにさじ加減で予算を決めるが裁量支出です。制度によって自動的に支出が決まるプログラム支出には、利権が介在しにくくなります。またプログラム支出は年度対応でないため、たとえ予算が成立しなくても、政府支出が持続されるので、この部分に支障は生じません。一方、裁量支出は予算が成立しないと支出を執行できないため、政府機関のシャットダウンなどの弊害が生じます。

日本の予算もプログラム支出と裁量支出に区分し、プログラム支出を中核にすることが適正だと思います。利権が介在しにくいプログラム支出を中核において財政支出を透明化する。プログラム支出は個人の権利を保障する支出と言うこともできます。利権の財政を権利の財政に変えることが重要です。プログラム支出の強化は財政支出による制度的な生存権保障の確立に寄与することになるでしょう。

なおアメリカはGDP比で14％程度の追加財政支出を決めて、それをほぼ支出したので景気回復が著しく進展しましたが、日本は73兆円の補正予算のうち2021年夏の時点で半分程度

**財政の機能**

**1. 資源配分機能**　**公共財を提供する**

**公共財**＝市場では供給されないが人々が生きてゆくためには必要不可欠なもの

**2. 所得再分配機能**　**結果における格差を是正する**

＝生存権を保障する

**3. 景気安定化機能**

不況では減税・公共事業・社会保障支出で経済を支える

好況では増税、社会保障支出抑制で経済を抑制する

**政治の最大の役割は予算の編成と予算の執行**

**国会の最重要の役割**の1つ

＝予算を審議し、**予算を成立させる**こと

しか執行していないので景気を支える効果が著しく限定されています。

**鳩山**　裁量支出が多すぎると、まさに利権の巣《そう》窟《くつ》になります。そこに政官業の癒着が生まれます。ただプログラム支出を決めるさいには、官僚任せにするのではなく、政治家がきちんと関与することも大事ですね。

**植草**　関連して財政の機能にふれておくと、これには「景気安定化」「所得再分配」「最適資源配分」の3つがあります。財政政策で常に強調されるのが、景気対策、財政出動による景気安定化です。負担能力の高い人から税金をもらって社会保障に向けるのが所得再分配。資源配分は財政で一番見落とされていながら一番大事な部分で、国のお金を誰のためにどう使うかということです。

財政の機能面から考えると、今回の補正予算論議でも規模だけが論じられる一方で、支出内容の論議が乏しく、極めて不透明な支出が法外な規模で計上されてしまいました。一言でいうと、利権支出の無制限大放出になってしまいました。国会の予算審議では、特に財政の支出内容の精査、資源配分機能の徹底的なチェックを行わなければならないのに、現実には政府の失政とスキャンダル追及が中心になってしまっています。政府の失政追及はもちろん大事ですが、予算委員会では、もっと予算の中身の精査と議論が必要だと思います。

## 生活保護制度の改善と巨額の財源が必要なベーシックインカム

**鳩山**　直接給付といえば、最近、政府がすべての国民に同額の現金を定期的に給付するというベーシックインカムの導入が議論されるようになってきました。ベーシックインカムは所得が非常に少ない人たちへの所得の保障ができるので、消費税のマイナスをむしろプラスにすることも可能でしょう。

ただし私もベーシックインカム論者ではあるものの、相当な給付金額になるので、それに対して慎重な考え方も必要です。おそらくベーシックインカムの給付金は100兆円台になるでしょう。この方法を実施するなら、そのための増税という話も出てきますが、増税ではなく国債で賄うという議論もありうるのでしょうか。

**植草**　財政規律を無視するといった特殊な状況になれば別ですが、通常の財政収支バランスを重視する一般的な感覚をベースにした議論では、なかなか容認はされにくいのではないでしょうか。

**前川**　私もベーシックインカムを導入できればいいと思います。ただし大きな政府でいいという国民のコンセンサスがないと無理なので、そこに至るまでには国民の意識がかなり成熟しないといけないという気がします。

**植草**　国民が給付金をもらうのは賛成だけれども財源調達には協力できないという姿勢であれば、無制限の国債発行を容認する以外にベーシックインカムの実現は困難だといえます。

ところで社会保障のあり方についての類型を考察してみると、典型的な類型としてアメリカ型の方式と北欧型の方式を比較することがわかりやすいと思います。アメリカの場合には税負担が比較的軽い一方、政府の社会保障支出の規模が小さい。自助を基本に置くシステムです。弱肉強食型ということもできます。これに対し、北欧型は付加価値税を中心にかなり高い課税を行う一方、すべての国民に政府が保障する最低水準がかなり高い。

日本の場合、税負担の構造が北欧型に近づき、今や最大の税収項目が消費税になっています。国民の税および社会保険料負担が大幅に引き上げられる一方で、政府支出の側では政府がすべ

## 生活保護制度利用率・捕捉率の国際比較（2010年）

| | 日本 | ドイツ | フランス | イギリス | スウェーデン |
|---|---|---|---|---|---|
| 人口 | 1億2700万人 | 8177万人 | 6503万人 | 6200万人 | 941万5570人 |
| 生活保護利用者数 | 199万8957人 | 793万5000人 | 372万人 | 574万4640人 | 42万2320人 |
| 利用率 | 1.6％ | 9.7％ | 5.7％ | 9.27％ | 4.5％ |
| 捕捉率 | 15.3〜18％ | 64.6％ | 91.6％ | 47〜90％ | 82％ |

出典【あけび書房】「生活保護『改革』ここが焦点だ！」（生活保護問題対策全国会議【編】）

ての国民に保障する最低水準が非常に低い。この意味で、日本は、税負担構造が北欧型である一方、社会保障支出構造がアメリカ型であるという、悪魔の組み合わせになってしまっているともいえます。生活保護制度の保障水準は非常に低く、しかも政府は母子世帯の付加給付などを切り詰めるなどという冷酷な対応を示しています。

**孫崎**　生活保護制度については、これまでにもいろいろと問題点が指摘されてきました。

**植草**　日本では生活保護を受給する条件を満たしている人のなかで実際に生活保護を利用している人の比率、すなわち捕捉率が20％にも満たないのです。他の主要国では捕捉率は少なくとも50％以上であり100％近い国もあります。

日本で捕捉率が低いのは、生活保護を受ける要件を満たしていても、役所に申請をすると、役所が親族に「扶養できないか」と打診する「扶養照会制度」が存在するため、これを嫌って申請しない人が多いのです。加えて日本の自治体が生活保護支給に消極的であるとともに、生活保護を受けるのは恥であるという空気を醸成していることも申請の阻害要因になっています。

**前川**　生活保護を受けると一定水準以下の人には政府の支援があります。ただし、その水準よりも所得が少し上で、生活保護を受けられなくても歯を食いしばって頑張っているような人たちは、むしろ生活保護を受けている人に反感を持ちやすくなるのです。これも生活保護の不正受給などという話が出てきたときに、生活保護全体を叩くようなムードが出てくる背景になっているのでしょう。その点、ベーシックインカムは国民全員に同額の現金を給付するので「あの人たちだけ得している」というような不満は出ません。

**植草**　全員への同額給付が納得性を高める点はとても重要だと思います。鳩山さんが名誉顧問をしてくださっている「政策連合＝オールジャパン平和と共生」の市民政治運動では、「消費税減税・廃止」「生活保障制度の確立」「全国一律最低賃金1500円の政府補償での確立」の3つを「支え合う経済政策」として提言しています。

消費税減税・廃止についてはいうまでもありませんが、生活保障制度確立では、まず現行生活保護制度の捕捉率100％を実現することを求めています。生活保護利用は憲法が保障する権利の行使で、例外なく制度が利用されるよう政府が責任を持つべきです。また給付水準を大幅に引き上げるとともに「生活保護」の言葉を「生活保障」に変え、新たに「生活保障法制」を整備する必要があると考えています。

最低賃金を全国一律で時給1500円にすることにより、すべての国民に保障される生活の最低水準が引き上げられることになります。今の最低賃金だと年間2000時間働いても、年収は160万円にしかならないのです。最低賃金が1000円なら年収は200万円になり、1500円なら年収300万円になります。年収300万円が保障されれば、世の中が大きく変わるはずです。全国一律に1500円にすると、地方で暮らすほうがメリットが大きいため、地方への人の回帰もうながせます。

けれども全国一律1500円の最低時給をそのまま実施すると、多くの中小企業が倒産してしまいます。中小零細企業の不足する資金については、政府が資金援助することが前提です。

また生活保護の給付水準は最低賃金にリンクしますので、これも引き上げることになりますが、最低賃金を1500円へと引き上げる場合、生活保護の給付水準は年収300万円よりも若干低位に設定することが合理的であると思います。

**前川**　生活保障のためには、そういう形で可処分所得を保障する政策が必要ですね。一方、教育保障については、就学援助や給付奨学金の拡充も必要ですが、それ以前にすべての人に無償の教育機会を保障するベーシックサービスの考え方が重要だと思います。

## デフレ脱却のために政府は借金をしてでも財政出動を行うべし

**鳩山**　私どもが政権を取っていたときには、「財政赤字を増やしすぎてはいかん」と財政規律の重要性が盛んにいわれました。しかし最近ではＭＭＴ（通貨を発行できる政府が財政赤字を拡大しても債務不履行にならないという通貨理論）など財政拡大についての議論がいろいろと出ています。今は私も財政規律を守ろうとしすぎて、結果として景気の悪化が起きるよりも、インフレに注意しながら財政出動をしっかり実行して景気を支えるほうが大事だと感じているところです。

**植草**　日本の財政規律至上主義、あるいは財政再建至上主義の根深さはバブル崩壊直後までさかのぼるとよくわかります。

バブルが崩壊して非常に深刻な不況に陥ったのが１９９０年から92年にかけてです。当時は赤字国債発行ゼロを達成した直後だったため、とにかく赤字国債の発行を回避するというのが優先されて必要な政策対応が遅れました。ようやく92年夏になって初めて宮沢（喜一）政権が景気対策を打って、バブル崩壊への対応が始まったのです。しかし対応が著しく遅れた結果、日本経済の落ち込みが深刻化しました。

同時に大蔵省三原則による不良債権問題処理のやり方にも問題がありました。三原則とは「場当たり」「隠蔽」「先送り」ですが、これが不良債権問題の処理を1990年代末まで先送りするのを助長してしまいました。90年代の経済の悪化が深刻化したのは、財政再建至上主義による政策運営が経済を悪化させたことと、これが資産価格下落を加速させて処理を先送りした不良債権問題をさらに重大なものにしてしまったことによる複合不況によるものです。

財政再建至上主義の最大の象徴が1997年4月の消費税の増税でした。これを実行したのは橋本（龍太郎）政権ですが、私は96年初めから「性急に大増税に突き進めば、経済が悪化する。経済悪化に連動して資産価格が下落し、経済悪化→資産価格下落→金融不安→経済悪化加速という魔の悪循環に陥り、金融危機が引き起こされる」と主張して、極端な緊縮財政にブレーキをかける提言を行いました。結局、消費税の増税が実行されてしまいます。その結果、警告した通りに経済悪化、資産価格下落、金融危機の負のスパイラルに陥ってしまったのです。

**孫崎**　植草さんはシンプルな積極財政論者ではないと思いますが。

**植草**　緊縮財政に反対する論陣を張った私は積極財政論者に位置付けられることが多いのですが、これは正確ではありません。私の基本スタンスは素朴な意味での財政規律の重要性を肯定するものでした。野放図に財政赤字を拡大させれば累積的な赤字も増えます。支出に占める国債費の比率がどんどん上がっていけば、機動的な財政運営の余地が小さくなってしまいます。

そのような素朴な家計感覚でいう財政の規律そのものは軽視しないほうがいいという考え方を持っています。

ただし景気が著しく悪化する局面で無理に緊縮財政を行えば、一段と景気が落ち込んで事態はさらに悪化してしまいます。中立の財政運営をベースに置いて、時と場合によっては積極財政が必要だという主張をしていたのです。これに対して当時は、圧倒的多数の財務省寄りの学者が「必要に応じて景気を安定化させるための政策を取ることを主張するのはオールド・ケインジアンだ」と声を揃えて批判しました。ようするに「時代遅れの経済政策だ」と批判していたのです。

ところが2008年のリーマンショックの後、アメリカは巨大な財政出動に踏み切りました。これがリーマンショックから抜け出すきっかけになったため、今まで積極財政などありえないといっていた日本の経済学者も雪崩を打って、積極財政も時と場合によっては必要だという主張に変わりました。

ということで、リーマンショック以降、また今回のコロナでも、かつてのような杓子定規《しゃくしじょうぎ》の積極財政政策への批判はかなり影を潜めて、必要に応じて財政政策発動も選択すべしという主張が大勢を占めるようになってきています。

**孫崎**　前例主義に陥らないことが重要ですね。官僚にはなかなか難しいことですが。

**鳩山**　いずれにしても、これまでの日本の経済政策は世界最低でした。それが世界最悪の日本の衰退を招いてきたといっても過言ではありません。財政支出の伸び率とＧＤＰの伸び率とはほぼ比例しています。日本では財政支出の伸び率がゼロだったのでＧＤＰの成長率もゼロという状況が続いてきたのです。

緊縮財政がこの日本を衰退させてしまい、同時に新自由主義的な経済になったことも含めて格差が拡大し儲かるところだけ儲かることになってしまいました。地方も衰退しています。生産力も昔は日本が世界一といわれていたのに、今や日本の生産力はかなり悪化してきている状況です。自治体も財政難がひどくなってきました。日本の得意の産業科学技術分野はどうかというと、これもきわめて衰退してきています。

借金はお金の総量を増やすものでもあるので、デフレ期においてはデフレ脱却のために政府がそれなりに借金をしても財政出動を行うのが大事だと思います。政府の借金といっても政府は通貨を創造する権限を有しています。紙幣ではないとはいえ国債を発行しても、政府債務が自国通貨建てである限り、政府の国債に対する返済能力には問題はありません。これで政府の負債が拡大しても、インフレを抑制できる範囲でさえあれば大丈夫です。その意味において、財政赤字を無限大には拡大できないけれども、私は財政赤字というものは許容されるべきだと思います。

ようするに財政出動が求められる状況なら、必要な量まで財政出動を行うことが、やはり日本のこれからの経済政策にならなければいけないと考えます。

**植草**　そうであるべきですが、日本の財政当局が緊縮財政を主張する最大の根拠、あるいは消費税の増税を進める最大の理由として挙げているのが、政府の債務残高が危機的水準にあるとの主張です。

日本政府の債務残高は１１００兆円を超えているとよくいわれます。日本のＧＤＰを５５０兆円とすれば日本の政府債務残高はＧＤＰ比で２００％超になり、ギリシャでさえ１７０％なのに日本はそれよりも大きい。したがって、いつ日本は財政危機に陥るかわからない。これが一般的に喧伝されている財政再建論の根幹です。２０１０年に菅直人総理が消費税の増税を提案した背景にも、財務省によるこうした説明があったのでしょう。

財務省は財政のパンフレットのなかで日本政府のバランスシート（貸借対照表）を発表しています。これを見ると５９２兆円の債務超過なので、財務省は日本政府が６００兆円もの債務超過になっていると説明しているのです。

一方、内閣府も日本政府のバランスシートを発表しています。これは国民経済計算というＧＤＰ統計のなかにある制度部門別統計数値になります。ここでも２０１９年末の政府債務残高は１３３５兆円あって、たしかに１０００兆円を超えています。

## 日本政府は98兆円の資産超過＝財政危機という嘘

### 一般政府　期末貸借対照表勘定

（単位：10億円）

| | 2019年末 |
|---|---|
| 1. 非金融資産 | 783,097.9 |
| （1）生産資産 | 661,761.9 |
| （2）非生産資産（自然資産） | 121,336.0 |
| a. 土地 | 116,615.9 |
| 2.金融資産 | 650,755.8 |
| （2）現金・預金 | 85,619.2 |
| （3）貸出 | 22,634.6 |
| （4）債務証券 | 74,015.6 |
| （5）持分・投資信託受益証券 | 176,841.3 |
| うち株式 | 65,234.4 |
| （8）その他の金融資産 | 289,337.3 |
| **期末資産** | **1,433,853.7** |
| 3. 負債 | 1,335,227.3 |
| （3）借入 | 152,304.1 |
| （4）債務証券 | 1,114,973.9 |
| 4. 正味資産 | 98,626.4 |

## 財務省バランスシートの作為

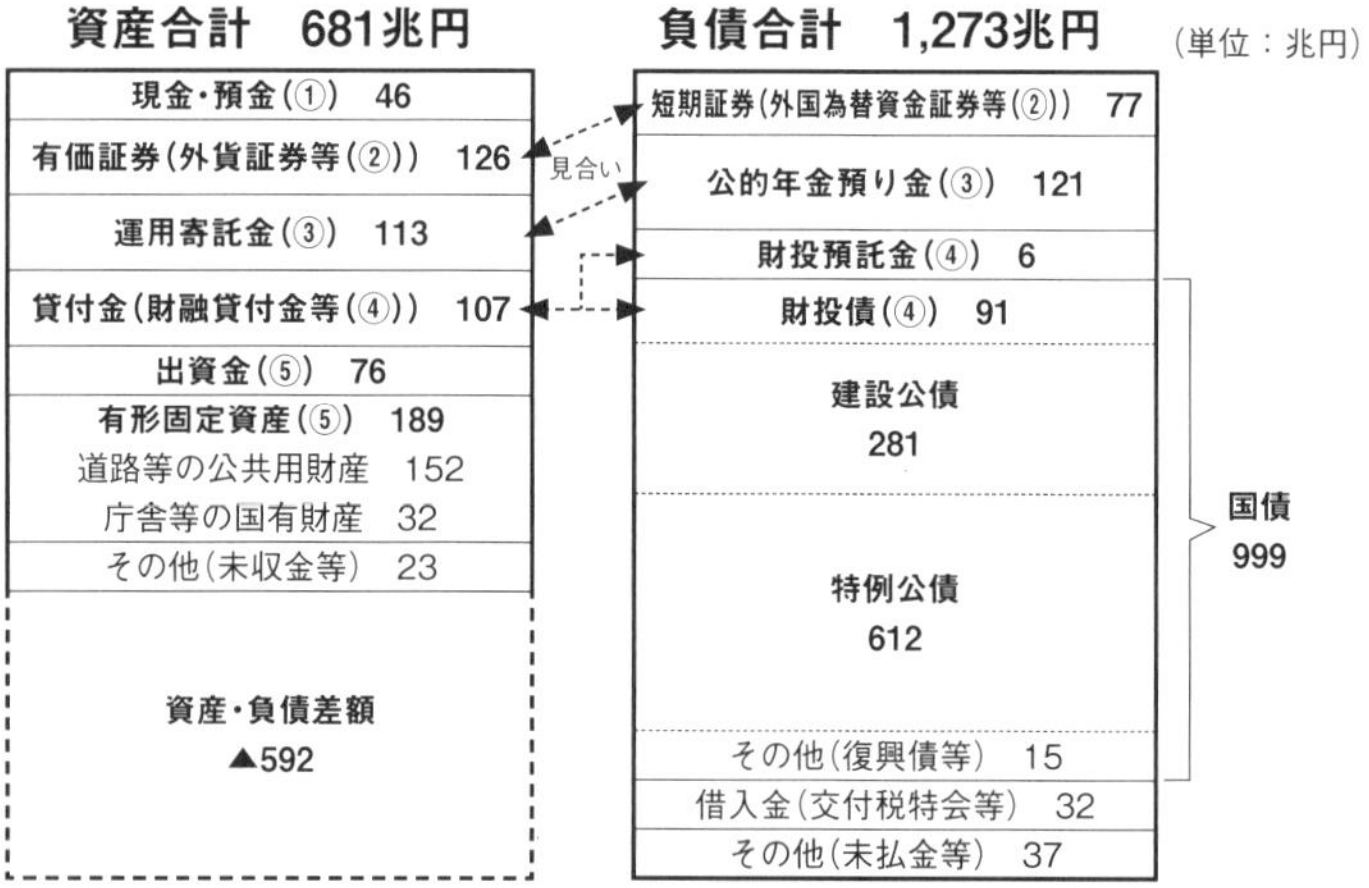


（注）特例公債は、減税特例公債、日本国有鉄道清算事業団承継債務借換債、国有林野事業承継債務借換債、交付税及び譲与税配付金承継債務借換債及び年金特例公債を含む。

ただしこのバランスシートでは、日本政府の資産残高が同じ２０１９年末で１４３４兆円あるのです。資産残高から債務残高を差し引くと、実は99兆円の資産超過になっているのです。これなら日本政府は財政危機に陥っていないということになります。

では、なぜ財務省発表の数値と内閣府発表の数値が違っているのかというと、財務省の数値が中央政府だけのものなのに対して、内閣府の数値は地方政府と社会保障基金を含めた一般政府という枠組みでのものなのです。

実は日本政府が資金を出す公共事業関係費によって建設される道路や橋などの建造物は、資産所有の区分では地方政府に入っています。つまり国の資産ではなく地方政府の資産として計上されるため、日本政府全体の財務バランスは、国と地方を合わせて見なければ、本当のところがわからないのです。

にもかかわらず財務省は、中央政府のバランスシートだけを発表して政府の財務状況が危機的状況であるかのように説明しています。これは、事実を歪曲して財政状況を深刻に見せかける偽装的な工作であるといってよいと思います。

**孫崎**　官僚は数字を使ってウソをつきますからね。

## 生活に影響する税の議論の前提となるのは政府への国民の信頼

**孫崎** 財務省が足を引っ張っても財政出動はすべきだということですか。

**植草** もちろん必要なら実行すべきです。日本の財政状況からすれば、財政危機がすぐ発生するような状況にないので、機動的な政策対応をとることができます。とはいえ野放図な財政運営を実行し、かつ他方で金融政策が非常に拡張的な方向に進むと心配です。結果としてマネー残高が激増して激しいインフレが起これば、経済に大きなマイナスが生じるとともに著しい不公平が発生します。

最近はやりのMMTの議論でも、財政赤字について自国内で国債が消化されている以上、財政支出拡大や国債発行増大は制約を受けないとします。ただしインフレが発生する場合には、インフレの兆候に合わせて政策対応を修正するべきだとしています。

この点に関連した金融政策運営上の留意点は、実際にインフレに火が点き始めてから対応したのでは手遅れになることが多いという歴史的な知見です。インフレ率が警戒ポイントの2％を超えたので危ないと思ってブレーキを踏んでも、政策発動と効果発現の間にタイムラグがあるので、クルマが止まり切れずクラッシュしてしまう危険があるのです。ですから、常にマネ

ご購読ありがとうございました。今後の出版企画の参考に
致したいと存じますので、ぜひご意見をお聞かせください。

# 書籍名

**お買い求めの動機**

1　書店で見て　2　新聞広告（紙名　　　　　　　　　）
3　書評・新刊紹介（掲載紙名　　　　　　　　　　　）
4　知人・同僚のすすめ　5　上司・先生のすすめ　6　その他

**本書の装幀（カバー），デザインなどに関するご感想**

1　洒落ていた　2　めだっていた　3　タイトルがよい
4　まあまあ　5　よくない　6　その他（　　　　　　　　　　）

**本書の定価についてご意見をお聞かせください**

1　高い　2　安い　3　手ごろ　4　その他（　　　　　　　　　　）

**本書についてご意見をお聞かせください**

**どんな出版をご希望ですか（著者、テーマなど）**

郵便はがき

料金受取人払郵便

牛込局承認

8133

差出有効期間
2023年8月
19日まで
切手はいりません

162-8790

東京都新宿区矢来町114番地
神楽坂高橋ビル5F

株式会社ビジネス社

愛読者係行

ご住所 〒

TEL: ( ) FAX: ( )

| フリガナ<br>お名前 | 年齢 | 性別<br>男・女 |
|---|---|---|

| ご職業 | メールアドレスまたはFAX<br><br>メールまたはFAXによる新刊案内をご希望の方は、ご記入下さい。 |
|---|---|

お買い上げ日・書店名

年 月 日 市区町村 書店

ー残高の伸び率については注意深く監視する必要があります。

いずれにせよ今の日本では一般物価が落ち着いているなかで、財務省も率先して73兆円もの補正予算を編成している現実が広がっています。積極財政は経済学の常識を知らない「たわけ」の主張、時代遅れの主張だと財務省や御用学者が吹聴していたつい最近までの状況と隔世の感があります。このなかで警戒しなければならないのは、財務省がコロナ財政支出の見返りにコロナ増税を要求し始めることです。

とすれば日本政府のバランスシートが極めて健全な状況にあるということを改めて周知しなければならないと思います。

**前川**　財政出動の財源を国債だけに頼ることはできないでしょうから、やはり増税が不可避だと思います。財務省がまず候補に挙げてくるのは、やはり消費税増税ということかもしれませんが、私はまず富裕層の所得税・相続税や大企業の法人税を引き上げるべきだと思うのですが。

**植草**　いうまでもなく財政政策では、予算の使い道とともに財源の調達方法の選択も重要です。財源調達の中心は当然のことながら税金で、日本政府はその税金のなかで消費税を主軸にするという方向に進んでいます。

しかし消費税はご承知の通り、非常に逆進性が強い。高額所得者にとって優しい税制ですけれども、所得ゼロの人からも10％という税率で税をむしり取るわけです。

## 法人税率の推移

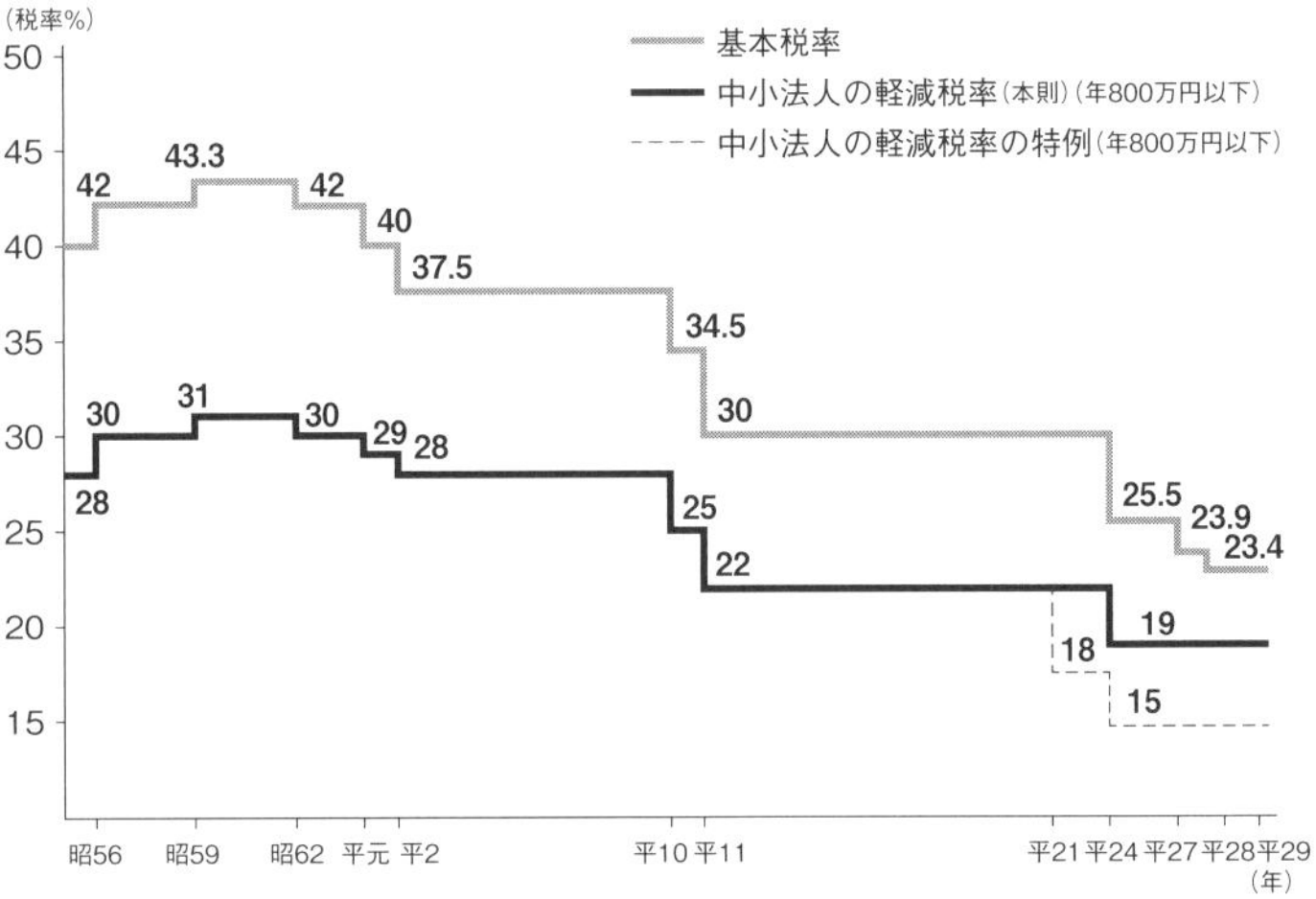


所得税の場合、子どもの年齢にもよりますが、夫婦子２人で親が１人だけ働いていると、年収３５４万円までの世帯主には所得税の課税はゼロです。それが消費税の場合、世帯主の収入がゼロであっても課税されます。だから年収２００万円の人が生きていくために２００万円全額を支出に回さなければならないような状況では、税率10%なら20万円の消費税がむしり取られることになります。所得税であれば、生存権を保障するために要納税額が当然ゼロになるのですが、消費税で資金むしり取りは江戸時代の年貢を上回る苛烈なものといえます。年収２００万円でギリギリの生活をしている人は生き延びることさえ極めて困難になる状況だといえます。

このような逆進性を是正するには、所得再

分配機能を重視するという視点から、財源調達の側面で逆進性の強い消費税の欠陥を補う税制の抜本的な修正が必要です。

現行の所得税制度の下では今日、年収が１億円を超えると収入に対する税負担率がどんどん下がっていきます。高額所得者ほど収入に占める利子配当および株式譲渡益などの金融所得の比率が高くなることが原因です。金融所得への課税には20％の分離課税が認められているので、税負担率は20％に向けて限りなく低下していくのです。

法人税についても、これには外資からの要求が強かったのだと思いますが、２０１２年以降、段階的に税率が引き下げられて大規模な法人税減税が行われました。

**鳩山**　消費税を上げても結局、その分が所得税と法人税の減税のほうに回ってしまっているのであれば意味がないわけです。これを是正するときには所得税、法人税を見直さなければなりません。

**植草**　１９８９年度に消費税が導入されて31年経ちましたが、この間の消費税収は約４００兆円です。対して所得税は同じ31年間で２７５兆円の減税、法人税は３００兆円の減税となっています。消費税で４００兆円の税収をむしり取りながら、所得税と法人税で合計５７５兆円が減税されたのです。つまり消費税というのは、社会保障の拡充にも財政再建にも寄与せずに、ただ金持ち優遇と大企業の減税に充てられてしまったと理解することができるのです。

したがって、現在の日本の税構造を根本から修正することが非常に大きな課題です。具体的には、消費税を圧縮あるいは廃止する一方で、金持ち優遇の分離課税をやめて所得税課税を総合課税化し、累進税率による能力に応じた負担を強化する、あるいは法人に対する課税を強化することなどが考えられます。

**鳩山**　やはり一番気になるのは政府に対する信頼度だと思います。北欧などは政府に対する信頼が高いので高い消費税であっても、国民は老後の心配をせずに一生を送れるので、政府への批判は起こらないのです。日本では政府や政治家というものに対する信頼度がきわめて低い。私どもが政権を取ったとき、私は総理として消費税を上げないと宣言したわけです。

まだ税金の無駄遣いがきわめて多いし、官僚が高額の収入を得るおかしな天下りもあるということで、私どもがそうしたことを強く責め、是正のためにギリギリまで努力をする。これは政府に対する信頼を高めるのにつながるでしょう。さらにギリギリの努力をしても国の歳入が足りないときに、国民のみなさんに「すいません。恐縮ですけれども、消費税の議論させてください」といえば、消費税増税の議論も認められたと思います。

ところがギリギリの努力をしないで、むしろ反対に「やらない」といっておきながら、突然、消費税増税へと転換をしてしまった。そんな総理が登場したので、民主党自体が崩壊へと向かっていったということになるわけです。

国民の生活にきわめて大きな影響のある税の議論をするときには、政府に対して国民がどこまで信頼を置いているかということがもっとも重要になります。

**植草**　今の日本では経済政策のベースに新自由主義と呼ばれるものが置かれているのですが、このことと自民党内の力学変化が密接に関わっています。自民党のなかの2大派閥は旧田中派の平成研究会と旧福田派の清和政策研究会であり続けたと言えると思いますが、自民党内の実権を長い間握っていたのは旧田中派＝平成研究会でした。その平成研支配構造が２０００年の小渕恵三首相急逝で途絶えてしまいました。小渕さんが倒れて、森さんが密室の協議で総理になりました。森さんは旧福田派の清和政策研究会所属なのですが、この森さんが２００１年３月に辞意を表明するさいに、自民党総裁選における地方票のウエイトを一気に3倍にすることを決めました。

この決定によって、本命ではなかった小泉純一郎氏が総裁に選出されて小泉政権が誕生したのです。これ以来、自民党の実権が清和政策研究会に移行し、現在に至っています。

旧田中派の政策は新自由主義経済政策と距離があり、福祉社会を目指す側面が残されていました。しかし旧福田派＝清和政策研究会の政策は、とりわけ小泉政権発足以降、鮮明にアメリカから持ち込まれた新自由主義的な弱肉強食奨励、市場原理主義的政策に染め抜かれました。

日本政治の対米従属、対米隷属からの脱却が最重要の日本の課題であります。にもかかわらず、経済政策運営におけるグローバリズム、すなわち大資本利益至上主義、経済の弱肉強食化推進政策は、小泉政権誕生以降の清和政策研究会による日本政治支配の構図と軌を一にしている点に注意が必要だと思います。この経済政策運営が今の日本の格差の問題や貧困の問題を生み出しています。

そのグローバリズムについて、『幸せの経済学』という本を著したヘレナ・ノーバーグ＝ホッジさんが極めて的確な指摘を示しています。

「多国籍企業は、すべての障害物を取り除いて、ビジネスを巨大化させていくために、それぞれの国の政府に向かって、ああしろ、こうしろと命令する。選挙の投票によって私たちが物事を決めているかのように見えるけれども、実際にはその選ばれた代表たちが大きなお金と利権によって動かされ、コントロールされている。

しかも、多国籍企業という大帝国は、新聞やテレビなどのメディアと、科学や学問といった知の大元を握って、私たちを洗脳している。」（『いよいよローカルの時代〜ヘレナさんの「幸せの経済学」』（辻信一訳、大月書店、２００９年）

このことを私たちもしっかりと認識して対処していかなければならないでしょう。

**鳩山**　自民党の政治構造が旧田中派から旧福田派に移ったことを起因して、福祉政策を重視するいわゆるリベラル的経済から新自由主義的経済に政策を変えたとの主張は、その通りで面白いですね。外交政策も旧田中派は田中角栄元首相が日中国交正常化を実現したこともあって、中国に対しても尊厳をもって臨んでいました。ところが旧福田派が政権を握ってからは対米従属姿勢が強まり、中国との距離が遠くなっていきました。

今、日本の政治を正常化するには、旧田中派の復権が望まれるということにつながるのかもしれませんが、自民党内の平成研の力にはあまり期待できそうにありません。したがって経済政策においても外交政策においても、旧田中派の流れをくむ政策を主張する政治の流れをつくり上げていくことが求められているのだと思います。

# 第5章

# 変わりゆく教育

前川喜平

## 教育は子どもの権利だから高等教育の無償化まで目指すべき

**鳩山**　義務教育というのは教育を受けなければいけない義務のように受け取られがちです。けれども全然そうではなくて、親が子どもに対して教育を受けさせる義務なのであって、子どものほうには受ける権利があるということにほかなりません。

**前川**　民主党政権のときには、教育は子どもの権利だという考え方をはっきりと持っていました。

**植草**　教育に対する国の支出も、やはり子どもを対象にすべきではないでしょうか。つまり親がどのような行動をとろうとも、教育を受ける子どもの権利を守ることを保障する。親の所得水準の多寡によって教育に対する国の助成を変えてしまうと、親の行動によっては子どもの教育を受ける権利が侵害されることも出てくることになります。

親の所得が多くなくても、子どもの教育に多額のお金を使うこともある一方、所得の多いお金持ちの親でも子どもの教育にお金を使わないこともあるでしょう。

**前川**　驚くべきことに実際、富裕層でも子どもの教育にお金を出さないケースはあるのです。これは信じられない、レアなケースではありません。

## 高校生等奨学給付金

※授業料以外の教育費とは、教科書費、教材費、学用品費、通学用品費、教科外活動費、生徒会費、PTA会費、入学学用品費、修学旅行費等。

**●生活保護受給世帯【全日制等・通信制】**

国立・公立高等学校等に在学する者……………… **年額3万2,300円**

私立高等学校等に在学する者……………………… **年額5万2,600円**

**●非課税世帯【全日制等】（第一子）**

国立・公立高等学校等に在学する者……………… **年額11万100円**

私立高等学校等に在学する者……………………… **年額12万9,600円**

**●非課税世帯【全日制等】（第二子以降）**

国立・公立高等学校等に在学する者……………… **年額14万1,700円**

私立高等学校等に在学する者……………………… **年額15万円**

**●非課税世帯【通信制・専攻科】**

国立・公立高等学校等に在学する者……………… **年額4万8,500円**

私立高等学校等に在学する者……………………… **年額5万100円**

※家計が急変して非課税相当になった世帯も対象。また新入生は、４～６月に一部早期支給の申請ができる場合もある。

**植草**　国と子どもの間に親が入ると、本来、子どものために使われるはずのお金が親によって他の目的に使われてしまうことがあると思います。たとえば10万円の一律給付金では子どもにも10万円が払われましたが、家父長的な権力を振るう世帯主が家族全員の一律給付金を全額自分の競馬やパチンコなどの遊興費として使ってしまったようなケースもあったようです。

教育に対する国の支出を、子どもに対する現物給付の方式にしたほうが子どもの教育を受ける権利がしっかり守られることになります。

**前川**　授業料の無償化も子どもへの

現物給付です。鳩山政権が教育政策で最初に実施したのも高校無償化ですが、第2次安倍政権も高校無償化の不十分だったところを補う政策は実行しました。授業料以外の部分の経費を支援することで高校版の給付型の奨学金をつくったのです。ただし奨学金といっても成績要件がないため、むしろ高校版の就学援助といったほうが適切でしょう。「高校生等奨学給付金」という名前になっています。

私はその制度設計を行ったときの局長だったので、この奨学給付金の創設自体はよかったと思います。評価されてしかるべき政策です。ただし財源確保のために無償化に所得制限をかけました。その結果、今は高校では8割の生徒は授業料が不要となりましたが、2割の生徒は親が授業料を払うようになっています。しかし民主党政権は、社会全体で子どもの学習権を保障するという考え方で高校無償化を入れたのです。つまり無償は子どもの権利ですから、100%の子どもに無償で提供しなければなりません。

私は、この所得制限は無償化の思想としてはおかしいと思いながらも、当時の下村博文文科大臣が「やれ!」というものだから、やらざるをえなかったのです。奨学給付金の財源は、所得税の累進率の見直し、金融所得課税の強化、扶養控除の見直しなど、所得再分配の政策のなかで生み出せたのではないでしょうか。

**孫崎**　就学援助とはどういうものですか。

## 所得が増えるほど税負担が低下する富裕層

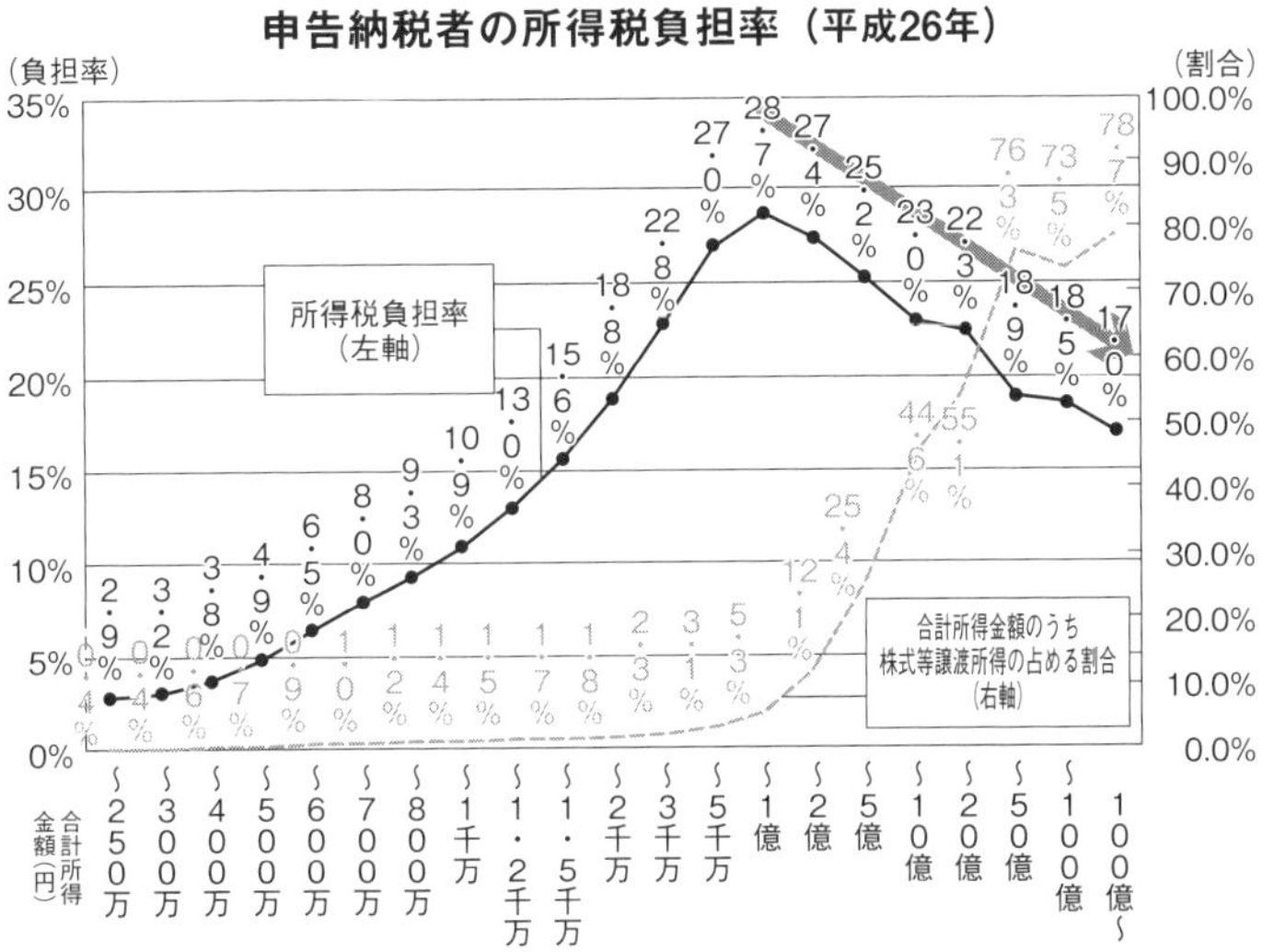


（備考）国税庁「申告所得税標本調査（税務統計から見た申告所得税の実態）」（平成26年分）より作成。
（注）所得金額があっても申告納税額のない者（例えば還付申告書を提出した者）は含まれない。
また、源泉分離課税の利子所得、申告不要を選択した配当所得及び源泉徴収口座で処理された株式等譲渡所得で申告不要を選択したものも含まれていない。

**前川**　小中学校ではもともと授業料がありませんよね。ですが給食代とか、絵の具セットや習字セットを買うとか、修学旅行に行くとかの費用をなかなか工面できない家庭のために、そうした授業料以外の必要な部分を市町村が援助するのが「就学援助」です。

生活保護対象世帯（要保護世帯）は就学援助の対象にもなっています。生活保護水準よりも少し多い所得で苦しい生活をしている家庭を「準要保護世帯」といいますが、この準要保護世帯にも就学援助が出ることになっており、所要額はこちらのほうがはるかに大きいのです。小泉政権のときにこの準要保護世帯を対象とする就学援助費への補助金をバサッと切ってしまったので、結局、財政力の弱い自治体は就学援助費を切り下げてしまいました。

また、民主党政権は「控除から給付へ」という考え方も持っていました。教育関係の援助を行う場合、税金の控除ではなく直接現金を給付するということです。しかし教育関係には特定扶養控除というものがあって、これで19歳から22歳までの扶養親族がいる場合には所得税を引き下げてもらえます。保護者の控除なので、そこには高等教育費は親が出すべきものだという前提があるわけです。控除制度は、課税最低限以下の生活を余儀なくされている低所得世帯には何の恩恵ももたらしません。逆に所得税率の高い富裕層ほど所得税の軽減額は多くなるという逆進性があります。

このような控除をなくし、所得のある人からはもっと税金をもらい、高等教育を無償化していくための財源に充てるというのが所得再分配として真っ当な政策だと思います。

**植草**　大学の高等教育も無償化すべきということですね。

**前川**　もちろんです。憲法26条第2項には「すべて国民は、法律の定めるところにより、その保護する子女に普通教育を受けさせる義務を負う。義務教育は、これを無償とする」と規定されています。ここでいう「普通教育」とは、人が社会のなかで自立し協力して生きていくうえで必要となる最低限の教育のことです。

憲法は普通教育を無償としているわけです。民主党政権が高校教育を無償化したということは、高校教育を無償普通教育に加えたのだと言えると思います。その意味で大学などでの高等教育を無償化するのは、高等教育にまで普通教育を広げていくということなのです。

**鳩山**　それが望ましい姿です。

**前川**　また国際人権規約では、高等教育も漸進的に無償化を目指すことになっています。日本政府はこの条項に対して留保し、高等教育の無償化はできないという立場でした。この留保を民主党政権では撤回しています。当然でしょう。現代社会を生きていくうえでは、12年間の小中高の教育だけでなく、やはり高等教育まで無償化してすべての人が享受できるようにしなければなりません。

## 不登校急増で生まれた多様性のある教育制度を模索する機会

**前川**　本当は学校こそ楽しく学べる場であるべきなのです。「不登校」ははぐれ者を指すような悪いイメージの言葉なので、私も不登校を別の言葉に換えたほうがいいのではないかと思うのですが、実は不登校も言い換えによって定着した言葉なのです。

もともと「学校恐怖症」とか「怠学」といっていたのが「登校拒否」になり、それから不登校になったのでした。1992年に当時の文部省が通知のなかで初めて不登校という言葉を使ったのがきっかけです。以来もう30年経っているものの、やはり不登校にもさきほど述べたように悪いイメージがあります。

**植草**　「不登校」という言葉は、非常にネガティブな響きだけでなく差別的な意味合いも持っています。良い子か悪い子かで分類すると、悪い子に分類される言葉になっています。子どもの権利条約では子どもの最善の利益を軸に考えることになっていますから、学校で普通教育を受けることが適切でないと自ら判断する子どもに対しては、別の場で普通教育を受ける機会の確保を保障することが必要だと思います。

**前川**　子どもの側に立つと、無意識の防衛本能が働いた結果が不登校だと思います。つまり「学校は辛い。だから行かない」ということを自分で判断して自分の身を守っているわけです。無理して学校に行ってしまうと、自殺につながってしまう場合もあります。

実は小学校と中学校の不登校は、第2次安倍政権になって以来ずっと増えているのです。民主党政権最後の2012年の段階では不登校は11万人台まで減っていました。それが安倍政権になって増え続け、直近の2019年の数字では18万人台に乗ってしまいました。不登校の急増はやはり安倍政権の教育政策と関係があります。権威に従うのがいいことなのだという安倍政権の戦前回帰的な教育政策によって、子どもたちへの締め付けが強くなってきたからです。それに対する子どもたちの反発が不登校という形で如実に表れていると思います。

２０２０年の不登校の数字はまだ出てきていませんが、コロナによる全国一斉休校の影響も重なって、２０２０年の不登校は20万人を超えると私は推測しています。一斉休校後に学校を再開してから、授業の遅れを取り戻そうというので、ものすごい詰め込み教育を行いました。それで落ちこぼれの子どもたちも増えたのですが、学校がさらに居心地の悪い場所になってしまったのだから、不登校が増えないはずがありません。

もっとも不登校に対する心理的なバリアが減ってきたこと、つまり不登校に対する罪悪感みたいなハードルが下がってきたことも不登校が増えた要因の１つだと思います。そうであるなら、今はもっと多様性のある教育制度を模索する非常にいい機会だともいえます。

**孫崎**　不登校に代わって定着するような、いい言葉も出てくるかもしれませんね。

**前川**　今はコロナの影響で学校に行ってない子どもたちのことを「自主休校」といっています。自主休校のほうがニュートラルな言葉かもしれません。

ちょっと前ですけど、女子アイドルグループの「制服向上委員会」が「不登校という言葉には悪いイメージがあるから別の言葉を考えましょう」と不登校に代わる言葉を募集するキャンペーンをやったのです。私も３つくらい考えて投稿したのですが、全部採用されませんでした。

募集で集まった言葉のなかに自主休校も入っていました。結果的に制服向上委員会たちが選んだ言葉は「スクール・ノマド」でした。でも、これは全然流行らなかったし、定着もしませんでした。意味合いはわからないでもありません。ノマドというのは遊牧民のことで1つの土地に定着しない。だから遊牧民のように自由に学んでいいのではないか、ということでスクール・ノマドが選ばれたのでしょう。

私は日本大学で1週間に1コマを教えているので、学生たちに「きみたちも不登校に代わる言葉を考えてみて」と聞いてみたのです。学生たちの答えで特に面白かったのが「フリーラーナー」「セルフ・エディケーショニスト」「自由学習者」でした。フリーラーナーと自由学習者は、ほぼ同じニュアンスでしょう。セルフ・エディケーショニストは独学という感じになります。

**植草**　「ホーム・エディケーショニスト」という言葉も使えますね。

**前川**　学生の答えでもう1つ、「在宅部」がありました。「帰宅部」という言葉は部活動に参加せずに家に帰るという意味で定着しています。それをもじって在宅部というのはなかなか秀逸だと思いました。

今の大学生あたりになってくると、小中高では不登校の生徒が自分のクラスに1人や2人必ずいたはずだから、不登校は異常なことではなく、あって当たり前だという感覚をすでに持っていると思います。このあたりの感覚は若い人のほうが柔軟性を持っているように感じます。

## 学校外の義務教育も認める個別学習計画の条項が削られた理由

**鳩山**　不登校が増えているという話ですが、学校に行かなくても学べる場所はあるという状況をつくっていく必要もあるでしょう。子どもの教育を受ける権利をもっとも優先するなら、学びの場は必ずしも学校でなくてもいいということになります。

そこで私たちも「次の日本への教育会議」という会を立ち上げて、主査には前川さんになってもらい、子どもたちの学びをする権利をどう確保していくか、あるいは、あくまでも子ども主体の学びの場をどうつくるかということについての議論を進めているところです。

**前川**　憲法には、学校という言葉は出てきません。だから学習するのは学校という場に限られるのでなく、ホーム・エデュケーションでもあっていいし、インターナショナル・スクールやフリースクールでもいい。そうした多様性のある教育機会を無償で享受できるという形にしていくのが望ましいと思います。

**植草**　ところが学校教育法1条は、同条が定めた学校に就学することを義務として定めています。憲法が定める教育の義務とは、子女に普通教育を受けさせる義務であって子女に学校教育を受けさせる義務ではありません。ですから学校教育法に代えて普通教育法を制定し、子女に普通教育を受けさせることを義務と規定したうえで、普通教育を受ける場の1つとして学校を位置付けるべきだと考えます。

そのうえで学校以外の普通教育を受けさせる場を法規定として確保することが必要です。世界では、たとえばホーム・エデュケーションなどの自宅で学習することを正規の履修の場として正式に認めている国が圧倒的多数になっています。日本でも学校以外で普通教育を受けることができる場を法的にはっきりと認める必要があると思います。

**前川**　経済学者の野口悠紀雄さんの著書に『1940年体制』という本がありますが、教育の世界には今も1940年体制が残っています。学校教育法1条の文科省がいう正規の学校以外にオルタナティブ（対案）の義務教育を認めないという考え方は、1941年4月1日に施行された国民学校令から始まっているのです。

国民学校令以前の小学校令では、市町村長の許可があれば学校に就学させなくても義務教育として認めるということでホーム・エデュケーションを認めていました。ただしこれは富裕層のための仕組みでした。ヨーロッパの上流階級はガヴァネス（女家庭教師）を雇って家で子どもたちを教育するというのが一般的な教育の仕方でした。以前は、その方法が日本でも認められていたのです。

ホーム・エデュケーションを禁止して、すべての子どもは国民学校で少国民、皇国民として育てるという考え方を体現したのが国民学校令でした。

日中戦争が泥沼化していたなかの1938年に国家総動員法ができ、国民学校令が施行された年の12月に日本はアメリカとの戦争に突入しました。つまり国民学校令は戦時体制の産物なのです。それが戦後もそのまま残ってしまったのです。

しかし教育にはもっとバリエーション、あるいはダイバーシティがあっていいはずです。不登校というのは、画一的な学校制度に反発する子どもたちの1つのリアクションであるとも感じています。

**植草** 不登校の子どもに学校以外の多様な教育機会を提供することを目的とした「教育機会確保法」が2016年12月に成立しました。この法律では国と自治体に対して、民間のフリースクール、公立の教育支援センター、特別な教育課程をもつ不登校特例校などへの財政支援に努めるよう求めています。

しかしこの法律でも学校以外を普通教育の場として正式に位置付けるところまでには至っていません。

**前川** その点に関しては、この当初の法案には「個別学習計画」の規定がありました。個別学習計画ではベースにホーム・エデュケーションが置かれ、火曜日から木曜日まではフリースクールに通うとか、金曜日にはスポーツジムに行くといった計画を立てるわけです。すなわち6歳から15歳までの子どもについては、保護者の責任において義務教育の内容を決めることができ、それで就学義務を履行したと認められます。ただし、とんでもない親もいるので、市町村の教育委員会が個別学習計画の中身をチェックするという形にもしていました。

個別学習計画の規定はまさに学校以外も普通教育の場として認める画期的なものだったのですが、法案を策定した超党派議員連盟でいろいろと論議を呼んだ結果、個別学習計画の規定は削除されてしまったのです。結局、依然として学校のみでの就学義務しか認められないことになりました。言い換えれば、学校以外を普通教育の場にはできなかったということです。

**鳩山**　教育機会確保法は議員立法ですが、法案づくりには文科省も関わったのですか。

**前川**　この法律については超党派の議員連盟（当時は自民党、公明党、民進党、共産党、社民党など）を母体にして衆議院議員の馳浩さんを座長とする立法チームがつくられました。そのとき私は文科省初等中等教育局長として関わり、法律の原案をつくる事務方を文科省が務めました。議員立法なので本来、行政府の我々は関与しなくてもいいのですが、法律ができれば執行するのは我々なので、最初から法案づくりに加わったのです。

**植草**　文科省は個別学習計画の条項を入れることに賛成だったのですか。

**前川**　私が局長ですし、私の上には下村文科大臣がいただけでした。下村さんも馳さんから

「個別学習計画の条項を入れよう」と提案されて賛同していたので、文科省としては大丈夫だったのです。

しかし私の部下には、学校以外での就学義務を認めることに疑問を持っている者がたくさんいました。私の部下のなかにも学校中心主義的な考え方はものすごく根強かったし、頭も硬いのですよ。若いから頭が柔らかいわけではなく、知識を覚えて指示に従うようなことしかやってこなかった官僚もたくさんいます。

だからこのとき、私の部下のなかには法案の原案をつくる仕事ができた人間は1人もいませんでした。それで私は、実はこの法案の原案をつくるために、すでに文科省を辞めていた職員を復帰させたのです。

亀田徹くんというのですけれども、かつて文科省で不登校を担当する仕事をしていました。学校以外の選択を認めるべきだ、不登校はネガティブな考え方ではない、不登校の子どもたちを学校に戻すことだけを目的としてはいけない、学校の外にももっと伸び伸びと学べる場をつくればいいというのが彼の考えでした。しかし亀田くんが文科省にいたときには直接のラインの上司たちがそういう考えをまったく受け付けなかったため、絶望して40代で文科省を辞めたのです。

**鳩山**　なかなか骨のある官僚ですね。

**前川**　外部の研究所で研究員などをやっていた亀田くんを私が「もういっぺん、文科省に戻ってきて、この法案のために一緒に仕事をしようじゃないか」といって引き戻したのでした。それで彼と一緒に大胆な発想の下に学校外の義務教育を認めようという当初の教育機会確保法の法案をつくったのです。

ところが、この法案が超党派議員連盟の場に出されたところ、「学校教育制度が崩れてしまうんじゃないか」「みんな学校からいなくなってしまう」といって自民党から共産党まで超党派で反対されたのでした。私は反対をする人たちの頭の中をよく考えてみたところ、ようするに彼らは「学校は辛いところだ」ということを前提にしていると気が付いたのです。逆にいうと、楽しい学びの場がほかにあると、子どもたちはどんどん学校外へ行ってしまうではないかと心配している。

つまり、学校は苦しくても行かなければいけないところだという観念、勉強というのは苦しいからこそ勉強だという観念が知らず知らずのうちに頭の中に定着してしまったのでしょう。

**孫崎**　なるほど、学校は「苦行の場」という感覚ですね。それはそれで理解できないことではないけど。

**前川**　結局、超党派議員連盟で協議して個別学習計画の条項を削除し、その法案が国会に出されて成立したのですが、普通教育のあり方を考えるときに個別学習計画のような発想は、今後も大きな検討課題の1つになると思います。

**植草**　当初の法案は法律化できなかったわけですが、法案づくりを通じて何か得たものもあったのでしょうか。

**前川**　ありました。超党派の議員連盟というのはなかなかいいものだなという発見です。国会の委員会での質疑などはまったく議論が嚙《か》み合っていません。それが超党派の議員連盟に行くと、自民党、公明党、共産党などまさに党派を超えてどの議員もまともに嚙み合った議論をしているのです。同じ課題で同じ方向性を持った人たちが集っているので、前向きで建設的な議論が自民党と共産党の間であってもできる。私は超党派議員連盟というのは、ひょっとすると議会制民主主義の1つの救いになってくれるのではないかという気さえしています。それくらい議論も白熱し、実りも多かったのです。

ただし議員連盟といっても自民党だけでやっているのはナンセンスです。あれは権力闘争のためのツールでしかありません。

## 教育勅語によって国家や天皇のために命を捨てる国民をつくる

**鳩山**　このごろ「教育勅語」を復活させるべきだという主張も出てくるようになりました。

**前川**　教育勅語などナンセンスの極みです。教育勅語は1948年6月に衆議院と参議院で排除と失効確認の決議が行われています。以来、教育勅語は日本の教育では使わないことになりました。その教育勅語の亡霊がなぜ今ごろ出てくるのかというと、やはりこれには伏線があります。

戦前の体制を支えた人たちは終戦直後には公職を追放されましたが、アメリカの世界戦略が共産主義の敵視へと転換したことなどでそうした人たちも戻ってきて、戦前的なものが戦後も生き延びたのです。

それでも教育勅語復活の動きは押さえ込まれていたため、教育勅語に代わる国民道徳を国がつくるという考え方がしだいに首をもたげてきました。それで吉田（茂）政権の天野貞祐《ていゆう》という文部大臣が1951年に「国民実践要領」という、まさに国民道徳をつくろうとしたのです。当時の野党から猛反発を受けたため、国家としてつくるのは断念したものの私的な文書としては発表したのでした。

そのなかに「我々は独自の国柄として天皇をいただき、天皇は国民的統合の象徴である。それゆえ我々は天皇を親愛し、国柄を尊ばねばならない」という文言が入っています。これは私的な文書ですが、道徳を国家につくらせようとする人の唱える日本人の道徳には天皇が必ず出てくるのです。私自身は今の天皇を敬愛していますが、それは内心の問題であって強要される

## 教育に関する勅語の全文通釈

朕がおもふに、我が御祖先の方々が国をお肇《はじ》めになったことは極めて広遠であり、徳をお立てになったことは極めて深く厚くあらせられ、又、我が臣民はよく忠にはげみよく孝をつくし、国中のすべての者が皆心を一にして代々美風をつくりあげて来た。これは我が国柄の精髄であって、教育の基づくところもまた実にこゝにある。汝臣民は、父母に孝行をつくし、兄弟姉妹仲よくし、夫婦互に睦《むつ》び合い、朋友互に信義を以って交り、へりくだって気随《きずい》気儘《きまま》の振舞ひをせず、人々に対して慈愛を及すやうにし、学問を修め業務を習って知識才能を養ひ、善良有為の人物となり、進んで公共の利益を広め世のためになる仕事をおこし、常に皇室典範並びに憲法を始め諸々の法令を尊重遵守し、万一危急の大事が起ったならば、大義に基づいて勇気をふるひ一身を捧げて皇室国家の為につくせ。かくして神勅のまにまに天地と共に窮りなき宝祚《あまつひつぎ》の御栄をたすけ奉れ。かやうにすることは、ただに朕に対して忠良な臣民であるばかりでなく、それがとりもなほさず、汝らの祖先ののこした美風をはっきりあらはすことになる。

ここに示した道は、実に我が御祖先のおのこしになった御訓であって、皇祖皇宗の子孫たる者及び臣民たる者が共々にしたがひ守るべきところである。この道は古今を貫ぬいて永久に間違がなく、又我が国はもとより外国でとり用ひても正しい道である。朕は汝臣民と一緒にこの道を大切に守って、皆この道を体得実践することを切に望む。

べきものではないでしょう。

**鳩山**　まったくその通りで、100％同意します。

**前川**　私は教育政策の面では1951年から6年後の1957年に岸（信介）政権が登場したのがよくなかったと思っています。岸政権の松永東という文部大臣が道徳の時間を設けるといって、1958年に学校でも道徳の時間が始まったのです。

このとき道徳の時間が設けられ、道徳の学習指導要領に学校で教えるべき徳目が盛り込まれました。ただし、さすがに「天皇に対する敬愛の念を持て」という徳目はなく、道徳の時間には決まった教科書もありませんでした。成績評価もしなくてもいいことになっていて、教師の自由度は高かったのです。しかも当時は教職員組合も強く、多くの先生たちは、道徳の時間を学習指導要領通りではなく、「今日は雪が降ったから、雪合戦をしよう」といったように自由に使っていました。

しかし、「それではダメだ。道徳をちゃんと教えろ」という声に応えて、道徳の教科化をはっきりと政策課題に掲げるようになったのが森（喜朗）政権からです。

森政権の2000年12月に教育改革国民会議の報告が出たのですが、その柱の1つが「教育基本法の改正」、もう1つが「道徳の教科化」でした。教科化とは、必ず教科書を使って教える教科書使用義務を課すとともに成績の評価も行うということなのです。だから、子どもがどれだけ道徳的に成長したかを成績で評価するという話になります。道徳の教科化を政策課題として初めて公に示したのが森政権でした。

**植草**　これまでの政府の道徳をめぐる動きが伏線となって、教育勅語復活の主張へとつながってきているのですね。

**前川**　そうです。森政権ではできなかった道徳の教科化の実現を政策課題として引き継いだ第1次安倍政権は教育再生会議を設置して、同じく教育基本法の改正と道徳の教科化の方針を打ち出しました。けれども第1次安倍政権は教育基本法の改正は成し遂げたのですが、道徳の教科化はできませんでした。

２０１２年12月に発足した第2次安倍政権が設けた教育再生実行会議でも最初の提言は、やはり道徳の教科化でした。このとき道徳の教科化の口実に使われたのは、２０１１年10月に滋賀県大津市で起きた中学生のいじめ自殺事件でした。「こんなひどいいじめ自殺事件が起きるのは道徳教育がなってないからだ。道徳の教科化を行わなければならない」と教育再生実行会議は２０１３年初頭に出した提言で主張したのです。

教育再生会議と教育再生実行会議の名称で共通しているのが「教育再生」です。再生という言葉は、以前生きていて今は死んでいるものを生き返らせるということ。再生を目指す一番大きなものがまさに教育勅語になります。教育再生という言葉には教育勅語の復活という含意が込められているのです。

**孫崎**　「教育再生会議」の「再生」にはそんな意味が込められていたのですね。

**前川**　教育勅語時代の戦前は修身科が国語や算数よりも大事な筆頭の教科でした。というのも御国のために死ねる国民をつくらなければならなかったからです。だから安倍政権の教育勅語復活を目指す教育再生でも、道徳の教科化においては修身科の復活が目的でした。言い換えれば、教育勅語をバックボーンとする道徳を国民に押し付けるような修身科を復活させたかったのです。

**植草**　第1次安倍政権で道徳の教科化が実現しなかったのは短命だったからですか。

**前川**　それもありますが、文科省が道徳の教科化に向けて積極的に動かなかったことが大きいでしょう。第1次安倍政権の文科大臣は伊吹文明さんでした。伊吹さんはオールドリベラリスト的なところがあって道徳の教科化はやりたくなかった。

伊吹さんも日本の伝統的な道徳観を大事にしていました。しかしそれには武士道だけではなく、商人や農民の道徳も含まれるというのです。伊吹さんは京都の商家の生まれですが、近江商人の「売り手よし、買い手よし、世間よし」という商道徳も多くの人たちが尊んできました。「世間よし」には今でいう企業の社会的責任という考え方も含まれています。また日本の文化や伝統も伊吹さんからすると、明治時代ではなく平安時代から培われてきた文化や伝統のことです。

伊吹さんは日本人の道徳観も100年単位ではなく千年単位でとらえていて、千年間に培われてきた日本人の道徳は大事にしようという考え方でした。教育勅語など薩長の奴らがつくったものだということで、大事にする気はさらさらないのでしょう。

だから薩長の流れを汲む安倍さんが教育勅語や修身科の復活などを目論んでいても、伊吹さんは「安倍くんは何を考えているんだ」と突き放して、道徳の教科化はやらなかったのです。安倍さんが総理でも、伊吹さんは年上だし衆議院議員歴も長かったので、「安倍くん」と呼んでいました。

ただし伊吹さんは道徳の教科化という課題についてただ放置したのではなく、やらないための仕掛けもしたのでした。安倍さんに対して「道徳の教科化についてはさらに議論します」と伝えて、中教審（中央教育審議会）で議論することにしたのです。しかもそのときに、「修身科の復活や道徳の教科化には反対だ」という劇作家の山崎正和さんをわざわざ会長に引っ張り込んできました。

その山崎さんの下での中教審の議論では、時期尚早というような理由で結論を出すのを棚上げにしてしまったのでした。こうして安倍さんが教育再生会議で一番力を入れていた道徳の教科化は潰されたのですが、実際のところ潰したのは伊吹さんだったのです。

ところが第2次安倍政権ができて、「今度こそは」と実行の文字を入れた教育再生実行会議によって道徳の教科化は実行されました。と同時に教育勅語の復権も許すというのが政府の方針になったのです。これも、いわば隠れた解釈改憲だと思います。

**孫崎**　隠れた解釈改憲ですか！

**前川**　それまで国民主権の日本国憲法の下では、天皇主権を前提としている教育勅語の復活する余地はないといっていたのです。また、個人の尊厳と両性の平等という考え方から成り立っている憲法24条と昔の家父長制的な家族のあり方は相容れません。

しかし2014年4月8日の参議院文教科学委員会で当時の下村文科大臣は、「教育勅語の中身そのものについては今日でも通用する普遍的なものがあるわけでございまして、この点に着目して学校で教材として使う――教育勅語そのものではなくて――その中身ですね、それは差し支えないことであるというふうに思います」と答弁してしまったのです。教育勅語は今日でも通用する普遍的なものだとし、教育勅語を学校の教材に使うことも認めたのです。このとき私は初等中等教育局長だったので、自分の良心と上司の命令との間で板挟みになって本当に困ったのでした。

教育勅語の徳目についていうと、「父母に孝に兄弟に友に夫婦相和し朋友相信じ」が出てきます。この「父母に孝に」といったときの「父母」は家父長的な家制度の下での親なので、家長がのなかの権威と権力とを全部握ってしまっていて、父母といっても父親と母親の間には身分の差別があるのです。

また「兄弟に友に」は「友」は友愛の友ですから、兄弟仲良くということですが、家制度の下では家督の相続権を持っている長子とそれ以外の子どもの間には兄弟でも身分差別があるため、真意は弟は兄を立てろということなのです。やはり「夫婦相和し」も夫と妻の間に明らかな身分差別があるのが前提となっています。

教育勅語の最後の徳目は「一旦緩急あれば義勇公に奉じ」ですが、公というのは天皇ですから、「戦争が起こったら天皇のために身を捧げろ」ということなのです。

以上のような教育勅語の観念を考えれば、けっして現代でも通用するといえるはずがありません。教育勅語は復活の余地はないと私は思いますが、安倍政権は2017年3月31日、「憲法や教育基本法等に反しないような形で教育に関する勅語を教材として用いることまでは否定されない」と閣議決定したのでした。これまでは憲法に反するから教育勅語は使えないといっていたのに、「使える」といったわけですから、これは集団的自衛権を認めた憲法の解釈変更と同じことにならざるをえません。

**孫崎**　なるほど理解できました。

**前川**　教育勅語を道徳の教材に使っている私立の学校はすでにあるのですが、今のところ公立の学校で使ったという話は聞いていません。しかし文科大臣が国会答弁で認めているので、右翼的な首長が出てきて、右翼的な教育長や教育委員を任命すると公立の学校でも起こりうることだと思います。

**鳩山**　たしかに道徳は必要です。ただ政府がいうと、国家に奉仕するような道徳ということになっていきます。それは最後に、「国家のために死ね、天皇陛下のために死ね」という話になりかねません。とすれば、教育勅語が復活しようとしている風潮は非常に危ない。

**前川**　今の文科省の立場は、かなり人格分裂的なところがあるのです。政治のほうからいわれたこともあって、文部科学省が検定で通した教科書のなかには、自己抑制や自己犠牲が大事、全体のために自分を殺すのがよいといった、かなり滅私奉公的な内容の教材がたくさんあります。

他方、文科省には「ゆとり教育」以来の自ら考え自ら行動する人間を育てたいという底流もあるのです。道徳教育においても、中教審で議論した結果ですが、1つの正解や1つの価値観を子どもに植え付けるような道徳教育はすべきではないといっています。そして文科省が発出した文書である学習指導要領解説には、これが正解だと押し付けたり刷り込んだりしてはいけないし、正解が1つではない問題について子どもたちはお互いに議論することも行って、自分の考え方をつくり上げていくことが大事だと記してあります。

前者と後者があまりにも違うものだから、文科省では木と竹をつなげられないまま置いているような状態になっているのです。

**植草**　文科省のなかの良心ともいえる部分には、蓄積されてきたまっとうな議論があるのだと思いますが、この蓄積と対立する考えを押し通そうとする横暴な政権が誕生すると、その考えを上から押し付けてくるので、矛盾に陥ってしまうと思います。

安倍さんも菅さんも価値観外交などといって米国の価値観と日本の価値観は同じだというようなことをいっていますが、たとえばアメリカの子どもたちが日本に来て、日本の学校での軍事教練のような体育の授業などを見たら、日米が同じ価値観を共有していないことに気付いてびっくりしてしまうと思います。

**前川**　日本の学校制度は明治時代に森有礼《ありのり》という人が軍隊に倣ってつくったため、特に体育の授業は今でも軍隊式で軍事教練のようなものです。たとえば体育の授業での「前に倣え」や「右向け右とか」なども、もともと兵式体操で行われていたものでした。運動会の入場行進の「全たい進め」「全たい止まれ」という号令の「たい」という字は、隊列を組んでいるので「体」ではなくて、兵隊の「隊」なのです。だから「全隊」ということになる。

この号令を行う教師と号令を聞く生徒との間には権力関係があります。それで命令の客体になる子どもは無権利状態に置かれるということです。私はそこに日本の学校のそれこそ１つの宿痾《しゅくあ》があると考えています。

**植草**　私は「戦後民主化の陥穽《かんせい》」と呼んでいるのですが、GHQの目が十分に行き届かずに、あるいはなんらかの意図によって日本の戦前がそのまま残ってしまった部分がいくつかあります。1つが官僚機構が非常に強い実権を持つ仕組み。もう1つが教育現場で戦前の教育の風習が残存して生き残ってしまっていることです。

その戦前の教育の風習を変えようという動きも出てきていたところに、2006年に第1次安倍政権が発足して揺り戻しが起きてしまった。その後はむしろそれを強化する方向に流れが変わってしまいました。

**前川**　揺り戻しに抗うためには、やはり子どもは学ぶ権利のある権利者だというところから学校教育を考え直していかなければなりません。

## 高認合格者が高卒と認められないのは根強く残る学歴主義のせい

**鳩山**　教育を「戦後史の正体」とからめるなら、どういうことになるでしょうか。

**孫崎**　戦後史の視点から考えると、目下、社会のあり様が激変してきているわけです。とすれば、過去の価値観の延長ではもはや戦えない時代に入っています。たとえば今のアメリカを見ても、既存の分野よりもＩＴなどの新しい分野から新しい企業がどんどん出てきています。新しい分野が広がっているのは、新しい価値観も次々に生まれてきているからです。それに対応できる個々の人間の能力を伸ばすことが、これからの社会の行き方だと思います。

その点からすると、画一主義的教科書的なものしか与えないという今の日本の教育では生き延びていけなくなるでしょう。どの時代よりも多様性をつくっていくことが求められているのです。不登校の問題にも表れているような規律を重視する教育ではなく、規律から離れて１人ひとりが自分の頭で考え、自分でものをつくることのできる教育にしていかなければなりません。

振り返ってみると、私も東大生のときには「不登校」だったのです。法学部でしたが、授業にはほとんど出ませんでした。というのは当時は外交官試験があったので、外交官試験への合格という目的を達成するためには、授業に出ることのほうが非効率だと判断したからです。

私はその後もずっと不登校で、ロンドン大学に留学したときには授業に出るより読書のほうが役に立つだろうと、自分勝手に読書にふけっていました。次のモスクワ大学への留学でも授業に出ないで、ロシアのことが理解できると思ってロシア人と酒ばかり飲んでいました。ハーバード大学留学時もやはり不登校が中心でした。たまに授業に行っても自分が望ましいと思った先生の授業だけに限っていたのです。

こうして私は東大、ロンドン大学、モスクワ大学、ハーバード大学の学生だった合計4年半のほとんどを不登校生活で過ごしたのでした。これはあらかじめ決められた路線から離れた生き方でもあります。

ただし路線から離れた生き方をするには、このハードルをクリアすると次の段階に行けるという目的意識と自覚が持てるようにならなければいけません。だから不登校の人、あるいは学校に行かない人に対しても目的意識と自覚が持てるような育て方をしてあげるべきです。また、そのためには学校に行かない選択をしたことが、実はプラスになるというようなシステムを用意しなければならないでしょう。

**前川**　同感です。不登校の人も今では高校までなら学校に通わなくても卒業資格を取ることができるようになっています。

まず中学校まではまったく不登校だった子どもにも必ず卒業証書を出すことになっているので、中卒の資格を得られないことはありません。高校についても自分で勉強して高認（高等学校卒業程度認定試験）に受かれば、高卒と同じ資格を得ることができます。昔は大検（大学入学資格検定）と呼ばれていた高認の実施を担っているのは文科省自身なのです。

ところが高認は世の中で十分に認知されていないため、高認に受かっていても高卒だと認めてくれない企業、特に中小企業がまだ少なくありません。だから中卒と高卒で給与格差のある企業に入った場合、高認合格でも中卒扱いになると給与面では不利になります。

文科省は「中卒であっても高認に合格しているのだから高卒として認知してください」と呼びかけているものの、現実には高認合格者と高卒とが同じ扱いをされていない問題は依然として残っています。

とすれば、文科省も厚労省や経産省とも協力して高認の普及啓発にもっと努めなければいけないでしょう。自分で勉強して高卒と同じ学力を付けるのはなかなか難しいので、高認に受かった人が本当はもっと高く評価されるべきなのです。ところが、学校を中学までしか出ていないなら中卒だという学歴主義はまだ根強く社会に残っています。

**孫崎**　私は防衛大学校の教授になる前、防衛大学校側に「大学中退」と書いた履歴書を出したら、「そんなものはありません。高卒です」といわれて、「高校卒業」と書かされた経験があります。しかし私は外交官試験には受かっているので、実際には大学中退だろうが高卒だろうが、もはや自分のキャリアには関係がないのです。

重ねていいますが、不登校の人たちに対しても学歴を選ばなかった選択が実は社会にとっても大きなプラスになる次のステップを社会のほうで確立してあげることが非常に重要だと思います。

## 日本の学校も覚えることと従うことから脱却しなければならない

**植草**　日本の今の教育では、覚えることと従うことを強要することが中心になってしまっています。「これを覚えなさい」「先生のいうことに従いなさい」に従順な子どもが優等生で、覚えない子どもや従わない子どもは悪い子にされてしまいます。

教育の本当の役割は、考える力と発言する力を養うことだと思います。小学校の道徳の教科書に、わがままをしないことが大切だと教える「かぼちゃのつる」の話が載っているのですが、この話に基づくと、自分の考えを持ったり発表したりすることも否定されてしまうわけです。

また教育の問題が日本経済の衰退とも表裏一体の関係にあるという印象を持っています。最近、日本企業の力の衰退が非常に目立ちます。もともと日本企業は製造業で品質管理が優れていて均質なモノをつくる力が非常に強かったので、工業化時代には大きな強みを発揮しました。しかしポスト工業化時代になって、新しい価値を生み出すことが企業価値の源泉になり始めたとたんに日本企業は衰退し始めたと思うのです。

それは公教育の場で、他の人と違う自分の考えや自分の発想を持つことを積極的に肯定してこなかったことが大きいのだと思います。生徒たち全員に画一的に「覚えろ、従え」とだけ強

## かぼちゃのつる

おひさまが　ぎんぎら　まぶしい　あさです。

かぼちゃのつるは、ぐんぐんのびて　いきました。　はたけの外までのびました。

「あなたの　はたけは　まだまだ　すいているじゃないの。」

「そちらはひとの　とおるみちですよ。」

みつばちとちょうちょうが、しんせつにちゅういしました。

でも、かぼちゃのつるはききいれようとはしません。

みちをこえてすいかばたけにのびていきました。

「ここはわたしのはたけだから入ってこないでよ。」すいかのつるがいいました。

「少しぐらい、がまんしろよ。」

かぼちゃのつるは、平気な顔ですいかのつるの上へのびていきました。

そこへ、こいぬが通りかかりました。

「ここは　ぼくやひとのとおる道だよ。こんなところにのびてはこまるよ。」

「うるさいな。またいでとおれば　いいじゃないか。」

こいぬは、おこって、つるをふみつけてとおりました。

「おまえなんかに、ふまれたってへいきさ。」

ブルブルブルン
くるまがきました。

あっというまにタイヤが、かぼちゃのつるをぷつんときってしまいました。

「いたいよう、いたいよう。アーン アーン。」

かぼちゃは、ぽろぽろなみだをこぼしてなきました。

そこにトラックが来て　きられちゃったよ。カボチャさん　いたいよう　いたいよう
アーン アーン といってるよ。

このあとかぼちゃさんどんなきもちになってるんだろう。
○大きくならなければよかった。
○ハチさん、チョウさん、犬さん、スイカさんのいうことききけばよかった。
○こんなことしなきゃよかった。
○つるをのばさなければよかった。
○もうみんなの言うこと聞くからかんべんして。
このようすをハチさんが見に来ました。

ハチさんはカボチャさんに何か言ってあげたんじゃないかな。

「節度・節制」をテーマに小学1年生用の道徳教科書に各社に掲載されている（東京書籍 p.49 光村 p.18 教育出版 P.14光文 P.36 学図 P.32 日本文教 P.54 学研未来 P.14 廣済堂あかつき p36）。大蔵宏之著「朝の光」（『ひろしまのオデット』戦争児童文学傑作選5 童心社）所収。

要してきたため、いわゆる体育会系的な人材しか育たなくなっているのです。

これからの時代に求められるのは体育会系的な人材ではなく、新たな価値を発見したり発掘したりできる人材です。単に人に従うのではなく、自分自身の考え方や意見を持っている人です。このような枠にとらわれない人材を育てるには、公教育で多様性を認めることが非常に大事になります。

数学の正解は1つでも済みますが、物事の考え方には多くの正解があるはずです。正解が多いのが真実であるにもかかわらず、公教育において1つの正解しか認めないと、発想の多様性、人材の多様性、能力の多様性がどんどん損なわれていきます。

**鳩山**　先端産業で日本が遅れてきている理由も、まさに多様性がないことにあるのです。ただし多様性のなさは経済だけではなく政治の場でも行政の場でも、うまくいかない大きな原因をつくっていると思います。

答えのある問題を早く片付けるというのは日本人は得意です。それを学校で学んできたのですが、テクニックを身に付ければ誰でもできるものにすぎません。けれども世の中に出れば、どこに問題があって、その答えをどういう方向から探したらいいのかもわからないような問題がほとんどです。

私はＴＢＳテレビが放送した「ドラゴン桜」というドラマを観たのですが、これは偏差値の低い高校で東大に合格できる人間を1年間に5人つくり出すという話です。ドラマでは安倍晋三さんではなく阿部寛さんが生徒にいろいろと受験テクニックを教えるのですが、この受験テクニックには私も納得したものがありました。

それは国語であれば現代文よりも古文の問題のほうが易《やさ》しいので、古文から先に手を付けろということです。難しくてわからない問題に最初に手を付けると、最後まで引っかかって時間がなくなってしまい、易しい問題を解く時間もなくなってしまいます。だから易しい問題から先に解けということなのです。こういう受験テクニックを高校時代に学んで、はたしてそれが実社会で役に立つのかといえば、ほとんど役に立ちません。

では実社会に入ったときに実際に役に立つようなことを高校時代に学ぶには、どうすればいいのか。私どもの「次の日本への教育会議」で出した1つの答えは、大学入試をやめるということでした。

大学入試をやめると、高校のときに受験テクニックのようなことに時間を費やす必要がなくなります。その代わり、もっと自分自身を磨いたり人生で何をやりたいかを探したりとかに時間を使ったほうがはるかに有益ではないかということなのです。

大学入試をなくすと、大学の入口が広くなって入りやすくなります。その代わり大学に入ったら、しっかり学ばないと出口である卒業ができないという形にもすべきです。大学の門を、入るは難し出るは易《やす》しから、入るは易し出るは難しへの大転換を図るのです。

また大学の文系理系の区別も世界的にナンセンスになってきましたので、文系理系の区別をなくすことも提言しています。AI技術を駆使せざるをえない文学などの芸術、逆にAIやロボットや遺伝子工学に求められる倫理性や哲学的意義などが重要になってきている現代において、文系・理系の峻別は無意味かつ有害でもあるからです。

加えて小学中学高校の段階で必要なこととして、答えがあるものを早く探すのではなくて問題も自分たちで見付けて、その答えも自分たちで探す努力を教師と一緒に行うこと。こうしたプロジェクト型学習（プロジェクトの目標を設定し、その目標を実現するために考え行動するなかで思考力や実行力などを身に付ける学習）を重視することも提言として出しています。

子どもたちが校則などに拘束されて、「つまらない」「厳しい」「辛い」といったネガティブな感情を抱く学校ではなく、もっと楽しく自由な学校にしなければなりません。その手段の1つには1クラスを多人数にするのをやめ、1クラスを20人以下にする必要もあるでしょう。

**前川**　今は小学校だけ1クラス35人を、これから5年で実現するという話になっています。

**鳩山**　私どもの目標は20人ですから、そのために必要な教師を増やさなければいけないし、教師養成の機関ももっと充実させる必要があります。

**植草**　文科省はゆとり教育、新しい教育を提唱したのだとは思います。ゆとり教育は否定されてしまいましたが、日本の学校制度のなかで、ゆとり教育にはどのような意義があったのでしょうか。

**前川**　１９８０年代から始まったゆとり教育は、まさに「覚えて従う」のではなくて、自分で考えて自分の意志で発言したり行動したりすることのできる人間を育てようということだったのです。そこに大きな意義があったものの、「ゆとり」という言葉が誤解を生んでしまい、ただ遊ばせるだけという印象を与えてしまいました。

九九など暗記したほうがいい知識も当然あります。逆にわざわざ覚える必要のない知識もあって、たとえば小学校4年生ではかつて47都道府県の名前を暗記させていたのです。だからゆとり教育では、これは別に学校で覚えなくても済む知識、あるいは小学校でなくても中学校や高校で覚えればいい知識というように精選していったのでした。

今はスマホでさまざまな知識がすぐに得られるようになっています。必要になったときにスマホなどで調べられる知識は、あらかじめ覚えていなくてもかまわないわけです。

ところが２０００年代に入って脱ゆとりということで、ゆとり教育がバッシングされるようになり、第１次安倍政権の２００６年に教育基本法が改正されました。そのあたりから、覚えて従うことを学ぶような教育に再び戻ってしまったのです。

脱ゆとりは、いわれのないゆとり教育へのバッシングだったと思います。脱ゆとりでは、覚

**PISA国際学力テストにおける日本の成績の推移**

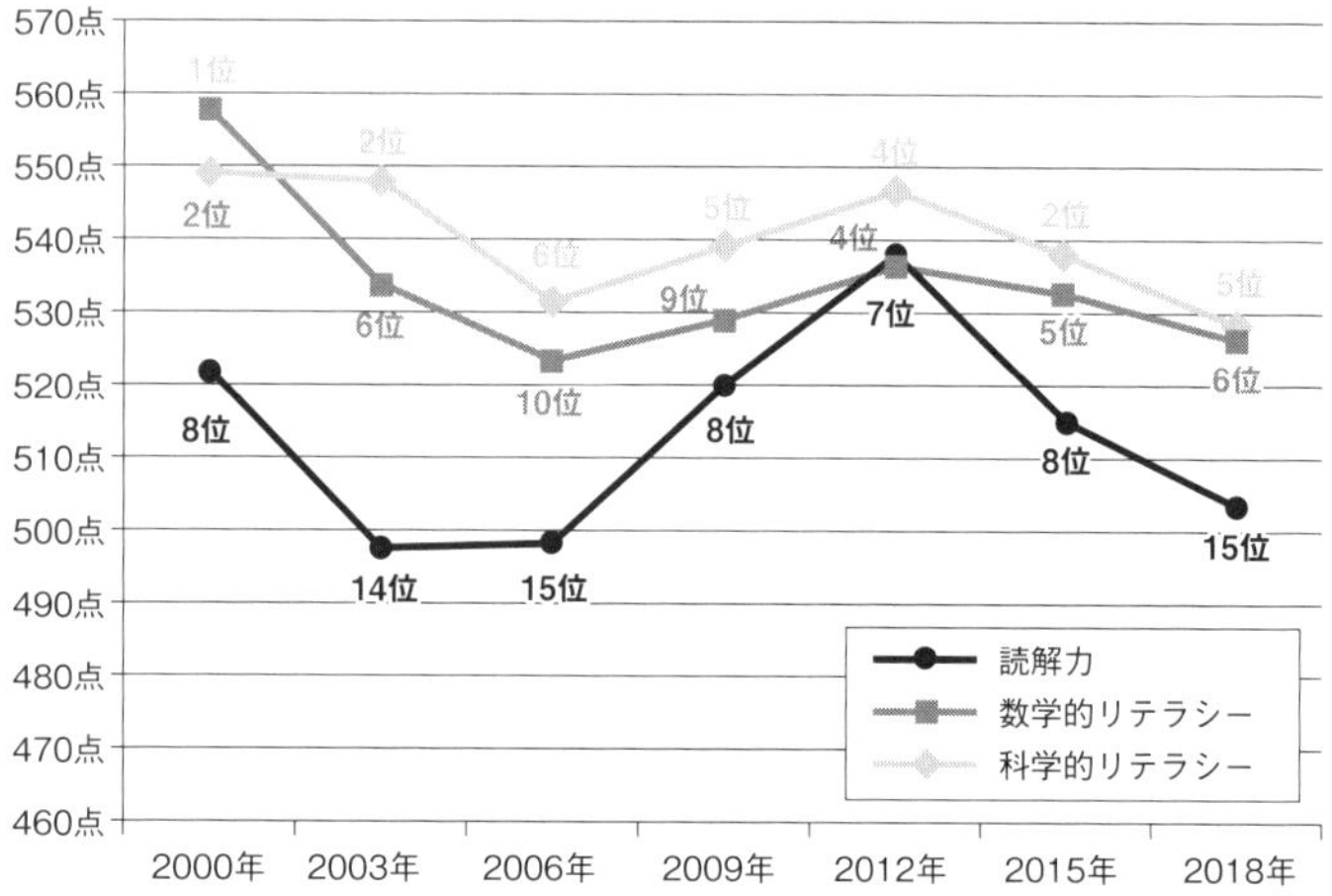


えさせることが多くなったし、学校の規律も厳しくなりました。さらに「ゼロトレランス」という言葉も流行ったりしました。ゼロトレランスは軽微な規律違反であっても、厳しく罰するという厳罰主義です。だから、ちょっとした逸脱行動も許さないということで校則が厳しくなりました。

学習支援活動を行っているNPO法人「キッズドア」が「ブラック校則をなくそう！」というプロジェクトを実施するなかで、2018年に10〜50代の男女計2000人に「どのような校則やルールを体験したか」というアンケート調査を行ったところ、30代の人の中学生時代（90年代から2000年代にかけて）に一番校則が緩かったことがわかりました。この世代はゆとり教育の時代だったのです。校則はそれ以前は厳しく、以後も脱ゆとりで再び厳しくなっています。

具体的には、たとえば「中学時代に校則で下着の色が決められていた」のは、回答者のうち10代が6人に1人、20代が20人に1人、30代が50人に1人でした。やはりゆとり教育の時代の人たちへの拘束が緩かったのです。

**孫崎**　校則で下着の色が決められていた？　そんな校則は初めて聞きました。

**前川**　だから脱ゆとりで、とにかく画一的に規制するという考え方が学校のなかで復活したのです。けれども時代は変わってきているのですから、ゆとり教育もいずれ見直され、新たな形で学校制度のなかに取り入れられる日が必ず来ると思っています。

**鳩山**　これは前川さんから伺ったのですが、ＰＩＳＡ調査（ＯＥＣＤ生徒の学習指導調査）という国際的な学力調査によれば、ゆとり教育を受けた生徒のほうが、詰め込み教育を受けた生徒より学力が高かったのです。自分の頭で自主的に考えることの重要性が明らかになったと言えるでしょう。

## 教育界だけではできない新しい時代に応じた人材養成の制度設計

**孫崎**　将棋の世界に藤井聡太さんが登場してきたものだから、いつもネット配信で将棋の番組を見ています。それで藤井さんは人材についての、ものすごく新しいモデルを提供していると思うのです。

藤井さんは名古屋の高校に在籍していましたが、高校3年生の3学期、あと1カ月半経てば卒業できるというときに高校を自主退学してしまいました。将棋の勉強と学業との両立が難しくなったからだそうですが、普通の人ならただ高校に在籍していれば卒業できるのに自主退学などしません。藤井さんにすれば高校卒業資格など何の価値もなく、高校に通う時間をすべて将棋の勉強に回したほうが有益だということなのでしょう。

これまである種の秩序を持った徒弟制度のようなもので運営されていた将棋界全体にも、藤井さんが登場してターニングポイントが訪れていると思います。つまり藤井さんはまさに個としてコンピューター上のAI（人工知能）と対話しながら、自分で考えて将棋を指すということによってトップになれるというモデルを示しているわけです。逆にいうと、このモデルに付いていけない棋士はみんな脱落していくに違いありません。

これから実社会でも競争がどんどんシビアになっていき、そうなればなるほど同様に目的と直結する形でAIなどを活用できるような人材が強く求められます。一方、今までのように実力によらない年功序列などだけのやり方の組織体や企業は潰れていくはずです。

とすれば、教育の問題も教育だけ別個に取り上げてどうあるべきかを考えていても意味はなくなります。教育の世界においても、おそらく日本が国際社会で戦っていくときにどのような人材が求められているのか、どうしたらそういう人材を確保できるのかといった発想をもっと持つことが求められるわけです。

知識を得る過程での努力の仕方というものはプラスになるかもしれませんが、新しい時代には大学受験を通じて得た知識はもちろん、大学で得た知識もあまり意味がなくなるのです。

**植草**　しかし日本企業についていうと、こういう人材をほしいと明確に教育界に伝えているようには見えません。

**孫崎**　日本企業自体、求める人材の方向性がまだしっかりと定まっていないのでしょう。そのため学校をはじめ、求められる人材の養成機関も本来は変わっていかなければならないのに、どう変わったらいいのか戸惑っているところがあると思います。

社会のあり様が激変しているなかで、日本社会が生き残っていくためには、企業などにどのような人材が本当に必要なのか、それを生み出すためにはどのような方法がふさわしいのか、そういったことを日本の教育界だけでなく、経済界などとも力を合わせて考えていく必要がある。言い換えれば、人材を養成するための制度設計については教育界だけに任せるのではなく、経済界など幅広い分野の視点も入れて行わなくてはならないということなのです。

**鳩山**　日本では大学を卒業すると、役人になるか企業に就職するというのがほとんどですが、アメリカでは大学を出ると自分で起業する人が多いし、中国でもそのような傾向が出てきています。

4〜5年前に中国の清華大学に行ったときのこと。大きな講堂に100ほどの四角い仕切りがつくられていました。それぞれの仕切りのなかでは1人の学生が1台のパソコンに向き合って必死に作業をしていました。大きな講堂には学生が100人いて、パソコンも100台置かれていたわけです。

インキュベーターというのは保育器のことを意味しますが、起業家を育てる場所のこともインキュベーターといいます。その清華大学の大きな講堂はまさにインキュベーターであり、起業意欲のある学生たちが大学側からお金を与えられて、新しく起業するための試行錯誤を行っていたのでした。

大学がインキュベーターを用意するのも、新しい時代に対応した人材養成の取り組みだといえるでしょう。そういうことのための資金も必要なので、私どもは「教育予算を2倍にせよ」ということも方針の大きな目玉として掲げています。

大学だけでなく高校でもそうかもしれませんが、役所や大きな安定した企業に就職してお父さんお母さんを安心させるというような発想に応えるというよりも、学生や生徒に自分自身でどんなことに挑戦したいのかが見付けられるシステムを用意してあげることが重要だと思っています。

まだそういうことがほとんど日本ではできていません。日本では安定思考から抜け出せなくて、結局、世界のなかでもずば抜けた人もなかなか出にくくなってしまっているのです。

**前川**　やはり若いときから好きなものを伸ばしてやることが、とても大事だと思います。東京大学先端科学技術研究センターの中邑賢龍《なかむらけんりゅう》先生は「ROCKET」と名付けた「異才発掘プロジェクト」を進めています。このROCKETに参加しているのは、不登校の小中学生で発達障害と診断されるような子どもたちが多いのです。つまり今の学校から外《はず》れてしまっているけれども、実はいろいろな才能を持った子どもが集まっています。

アインシュタインも学校では落ちこぼれでした。今なら必ずや発達障害と診断されるでしょう。本当に特異な才能というのは、今の制度から弾き出されたところに存在していたりします。逆にいうと、制度から弾き出されているから制度のなかで個性を潰されずに済むこともあって、むしろ才能が伸びていくのでしょう。

ROCKETでは既存の学校制度に馴染めない子どもたちが、学んでいるというよりも自分の好きなことやっているのです。余計なことはやらされないし、覚えて従うという部分もありません。そういうことがやはり、いろいろな才能をどんどん伸ばすことにつながっていくのかもしれません。

であればROCKETのような取り組みから、次の時代を担う人材が出てくる可能性も高いといえるのではないでしょうか。ただし、これを社会全体の問題としてとらえると、多様性というものをどうやって制度的に担保するのかが大きな課題だと思います。

**植草**　ROCKETにも似ているような気がするのですが、黒柳徹子さんの自伝である『窓ぎわのトットちゃん』には子ども時代のユニークな学校のことが描かれています。

**前川**　戦時中に黒柳さんが学んだ、大正の自由教育の流れをくむトモエ学園の話ですね。黒柳さんも最初は普通の小学校に通ったものの、行動があまりにも独特なので、学校側から「もう来ないでください」といわれてしまいました。今なら発達障害の一種とされる注意欠陥多動性障害（ＡＤＨＤ）と診断されるでしょう。

それで受け入れてくれたのが東京・目黒区の自由が丘にあったトモエ学園です。東急電鉄の電車を改造した車両の教室で伸び伸びと勉強したということです。子どもたちは教室には決まった自分の席がないので朝登校してから座る場所を決める、何から勉強するかも自分で考えるというような学校だったそうです。

それにしてもトモエ学園のような学校がなぜ戦時中に存続しえたのかとずっと不思議でした。結局、気が付いたのは、当時の国家からすれば、トモエ学園に行くような子どもたちは不要な人材だったということです。国家にとっていらない人材なのですから、言葉は悪いですが、トモエ学園というのは国家にとって、いらない人材を捨てておくゴミ箱みたいな存在だったのでしょう。

けれども実は、そのゴミ箱のなかにこそ宝物がある。特に今のような時代に必要とされる人材はトモエ学園のようなところから育っていくのだと思います。

**鳩山**　前川さんのお話を伺って、教育政策は時の政権の意向で、かなり揺れ動いてきたことがわかりました。ある意味、子どもたちは時の政権によって翻弄されてきたわけですが、むしろ戦前のほうが学校に就学させなくとも義務教育として認められていた時代があったとは意外でした。教育を教師や親の立場でなく、子どもの立場から見直せば、必ずしも学校に行かなくとも学ぶことが義務教育として認められる個別学習計画は、これからの教育の在り方を示していると思います。個別学習計画が法律として認められていれば、不登校や個性あふれた生徒たちにとって格好の場が提供されることになっていたでしょう。

また、学びは子どもたちばかりの問題ではありません。人生百年を迎えつつあるなかで、目まぐるしく変化する時代に生きる私たちには再教育が必要となる時が来るのではないかと思います。生涯学習教育が叫ばれて久しいですが、真の意味で老若男女問わず、学びたいときに学びたいことが学べる環境をつくることが必要となるでしょう。

# 第6章

# 政治と行政の再建

## 個性的な外交官が政治家に嫌われ個性をなくしていった外務官僚

**植草**　日本の官僚制度はかつて世界一優秀だと評価されたこともありました。

**孫崎**　私も官僚制度は基本的に日本に貢献してきたと思っています。なぜ官僚制度がプラスだったかというと、官僚制度以外に政策などの物事を考える研究所などが日本にはあまり存在しなかったからです。

**前川**　いわゆるシンクタンクのようなものですね。

**孫崎**　私がハーバード大学に行ったとき、何かの政治的な問題があると本当にアメリカの政治の中心にいる人物たちが飛んで来て、学生たちに今の状況がどうなっているかを説明するのです。大学で勉強しているものと現実に起こっているものとの差があまりない。そのなかで教授も何をすべきかを考えるので、アメリカの大学の先生が提言することが実際の行政にも役に立つわけです。

私は今でも外交関係では日本の大学の先生などほとんど役にも立たないと思ってます。外交の現場を知らないので、現場で本当にやるべきことと遊離してものを考え教えているからです。対してハーバード大学で国際関係を専攻する先生は外交の現場にもすごく貢献しています。

日本の場合、残念ながらアウトサイダーのところで専門的な知識を養う制度がありません。それで官僚が現場で実態を見て政策提言をする集団になったと思うのです。いわばシンクタンク的な役割も担ってきました。

しかしそれが崩れてしまう非常に大きなきっかけとなったのが、1990年前半から対米従属という新しいベクトルが入ってきたことでした。半導体や自動車の輸出をめぐってアメリカとの間で貿易摩擦が起こってきた1990年代半ば、この対米従属については、通産省や外務省の官僚が官邸に集められて対米政策をどうするかを総理の前で協議したときの逸話がります。

このとき、通産官僚が日本の国益となる半導体政策の話をしたところ、外務官僚から「そんな政策ではアメリカが喜ばない」という反論があったのです。それにショックを受けた通産官僚は「何をいっているんだ。ここは我が国の国益を議論する場所じゃないか。アメリカが喜ぶか喜ばないかという話をするのはおかしい」と憤って帰ったのでした。

ところが、しだいに日本の官僚全体が対米従属の影響下に入ってしまい、今ではほとんどの官庁が政策を立案するときには、アメリカが喜ぶか喜ばないかということが非常に大きな軸になっています。

やはり1990年代半ば、アメリカが日本に特に経済分野での規制緩和を激しく迫っているなか、アマコスト駐日大使は「政治家はもう落ちたから我々のいう通りになる。経済界も落ちた。落ちないのは官僚だけだ。官僚が国益だといって訳のわからない議論をする。官僚は潰さなければいけない」というような話をしていました。これに呼応するように、日本国内で激しい官僚バッシングが始まったのです。

1998年に起こった「ノーパンしゃぶしゃぶ事件」といわれる大蔵省接待汚職事件がその典型でした。この事件が大きく報道された結果、官僚イコール悪というイメージが国民のあいだに定着し、大蔵省は2001年の省庁再編で分割されてしまいました。

だからノーパンしゃぶしゃぶ事件も、けっして偶然に問題化したのではなく、国益的なことを主張する官僚を排除していくという力が働いた結果なのです。

官僚バッシングで対米従属を嫌がる官僚の力が落ちてきたのと反比例して、残念ながら対米従属が非常に強くなってきました。論理的に考えると国益論になるため、論理的な考え以外で国益論を排除していこうとするなら、官僚はダメだから政治主導に変えるという話になっていきます。

**前川** 官僚バッシングを国民が支持するという時期はずっと続いてきました。たしかに以前は官僚も国のお金をちょろまかしていました。庶務担当の課長補佐などが裏金をつくっていたわけで、自分の懐には入れていないけれども、役人には交際費がないから、国民の税金をうまくごまかして組織のために使ったのです。もっと有り体にいえば、自分たちの飲み会のために流用していました。公費天国という言葉もありましたが、今、国民の支持が得られない悪しき慣習が一掃されたのはよかったのです。それは昔の官僚主導の時代のちょっと驕《おご》り高ぶっていた部分でもあったでしょう。

**鳩山**　「ノーパンしゃぶしゃぶ事件」の背後にアメリカがいたとは初めて聞きました。対米自立の官僚たちがやられたのですか。でも当時野党議員として眺めていて、政官業の癒着には目に余るものがありました。なかでも天下りや「わたり」※など、一般の市民のみなさんにとっては、うらやましい限りの高級官僚たちの退職後の生活保障には、強い批判があっても当然ではなかったかと思います。ただ官僚バッシングの結果として、対米従属が強まったとはショックですね。

**孫崎**　石油危機が起こった直後の1974年、旧通産省に出向したことがありました。あのとき、通産省というのは素晴らしい役所だと思いました。何に感激したかというと、7月から8月の国会が閉まっている時期に新政策を各課の課長に発表させる場を与えていたからです。

周りには通産省の若い連中が集まって、各課の課長が発表した新政策のどこがおかしいかを叩く。その模様を見ているのが官房の企画課長や秘書課長でした。

課長はどのような形でプレゼンテーションができるか、そのプレゼンテーションの内容を若

※退職した官僚が勤め先を次々と移ることで高額な退職金をとることで批判されている。

手がどういってやっつけるのか。1年に1回、政策として何が正しいかを通産省として熱く議論するのです。

ところが通産省のこのような機能も十分働かなくなって、政治主導を優先するということが霞が関を覆ってしまいました。

**前川**　かつての通産省の若い人たちには政策をつくっていくという使命感も意欲も能力もありました。私もそんな通産省の雰囲気はいいなと思っていました。私は旧文部省ですが、文部省には通産省のような闊達《かったつ》な政策議論をする場も雰囲気もなかったですね。

**孫崎**　私の入った外務省は日本の官庁のなかでも、ちょっと異色でした。総合研究開発機構に出向したとき、理事長だった下河辺《しもこうべ》淳《あつし》さんから、「外務官僚は官僚じゃない。人によって、話すことが変わるからだ。だけど他の省庁の官僚は誰も金太郎飴《あめ》みたいに同じことをいってくれるから、ものすごく信頼できる」といわれました。

しかし外務省の官僚がそうなったのは、手痛い失敗経験があったからなのです。第1次世界大戦後にパリ講和会議があったとき、日本も戦勝国で、当時は戦争に勝ったら何らかの戦利品を勝ち取るのが当然だったのに何も勝ち取れなかったのです。

そうなったのは日本の代表団に交渉能力がないからでした。代表団も当時だから薩長出身などの偉い人を中心に構成されていて、そもそも外国語もできないから、外交能力がまったくなかった。それで日本政府としても、外交分野においては個人の能力がなければ戦えないということを痛感したのです。

外交官試験が国家公務員試験とは別に行われるようになったのも、外交での日本の力を付けるためでした。私たちのときは特にそうだったのですが、外交官試験に受かったので外務省に入った1年生でもコピー取りはしなかったのです。

それに、すぐに外国の大学に留学しました。私も日本外交がどうあるべきかとはまったく関係なく、留学でイギリス、ロシア、アメリカへ行って好き勝手にしゃべって生きていました。そうやって相手の国の価値観を知ることができるのですが、まずは友だちになるために相手の国の人たちと話をしなければなりません。

となると外務省から留学させてもらった者たちは、自分が行った国からものすごく影響を受けます。外務省はそのように各国から影響を受けた外交官の混合体でした。だから個性が求められる今、そうした個性的な外交官には大きな価値があるはずなのです。

**植草**　それでチャイナスクール、アメリカンスクールなどができるわけですね。

**孫崎**　また、私が外交官として最初にモスクワの日本大使館に入ったときには、いきなり大使の秘書になりました。それで組織の一番上の人が何を考えているか、どう行動するのかということに直接接することができたわけです。

しかし今や外務省は非常に変わってしまい、ほとんど同じような人しかいないという役所になってしまいました。これにはさまざまな理由があるのですが、1つの大きな理由は、個性的な外交官が政治家に嫌われたからです。「外務官僚は生意気だ、政治家のいうことを聞かない、何となく政治家よりも偉いみたいに振る舞う」ということで、2002年に外交官試験が廃止され、外務省も一般の国家公務員試験の枠内で合格した人だけを採用することになりました。だから今は、優秀だが画一的な人間が外務省に入ってきています。

もちろん、いきなり大使の秘書になるということもなくなりました。秘書として自分たちの組織の一番大事な部分に一番若い人間が接するということは、上の人から見ると非常に不便だったからです。

昔の外務省とはまったく様変わりし、残念ながら、かつて持っていた個性が外務官僚から失われてしまったといえます。

**前川** 文部省の場合は、臨時教育審議会から「もっと政策官庁になれ」と指導されて、「そうだな」と通産省を後追いして、もっと政策を考える役所にならなければいけないということになりました。私が係長、課長補佐のころにそういう雰囲気が出てきたので、やり甲斐も出てきたのです。

ところが文部省も例外なく政治主導で政策立案や政策形成の主導権をだんだん奪われていき

ました。孫崎さんによれば裏にアメリカの存在があったとのことですが、構造改革を口実に文科省も上からの改革がずいぶん行われたので、私もそれはそうだと思います。

教育の世界でも、もっと規制緩和してアメリカの大学が日本にどんどん進出できるようにすべきだという議論がありました。もちろんアメリカの大学が日本に来て、日本の大学にできないことをいろいろとやってくれるのはいいことです。

けれども現実には、いろいろな形で日本の教育制度が歪められていきました。日本の大学もヨーロッパ型の成り立ちなので、これにもアメリカ型を持ってきたため、制度がかなり揺らいでしまい、今でもグラグラしています。

特にレッセフェール（自由放任）で大学をどんどんつくってきたことが今になって大きく響いています。実際には大学はそう簡単にはつくれないし、また簡単には潰せません。だから本来、大学は政府が責任を持って設立し育てていくという考え方が大事なのです。

それなのに小泉政権のときに大学の設置・認可の方針が大きく変わり、レッセフェールの考え方になってしまって大学の数が急速に増えていったのでした。そこにはアメリカ型のアクレディテーション（評価団体による教育機関の適格認定）の制度をそのまま持ってきて、大学は設立してから事後的にきちんと評価すればいいという前提が置かれたのでした。一方、18歳人口が減っていくことも最初からわかっていたことでした。

以上の結果、あちこちの大学が今、定員割れしているわけです。その改善も含めて日本の大学の運営は持続可能になるようにし、当然ながら授業内容も時代に合ったものへと変えていかなければなりません。

## 天下り禁止はザル法なのに手法が稚拙だった文科省の違法天下り

**植草**　官僚には天下りが付きものというのが国民の常識だと思います。天下りについては、文科省の問題で理不尽な責任を問われた前川さんの立場では話しにくいなどということがあるのでしょうか。

**前川**　私自身は天下りしていないので、全然話しにくいことはないですよ。

文科省からは、あまり民間企業への天下りはありません。ただし文部系と科学技術庁系でも違っていて、科学技術庁系だとたとえば三菱重工業みたいな企業に行くというケースはありません。文部省系の天下りは私立大学が多いのですが、18歳人口が減ってきており、大学自体も規模が小さくなっているため、その道もかなり狭まってきました。

私は天下り問題で文科省を辞めたのですが、これは文科省のなかで違法な天下りの斡旋が行われていて、その責任を取ったものでした。

天下り規制は目的と手段とがかなりズレているんです。現職の公務員が天下りの斡旋をしてはいけないという規制をしているのですが、逆にいうと現職の公務員が斡旋をしなければ、いくらでも天下りができてしまいます。けれども文科省は天下りを斡旋するシステムを外部にうまくつくることができていなかった。省庁によっては非常にうまく天下り斡旋システムを外部につくっているので、つつがなく天下りをしています。

文科省の違法天下り斡旋問題が表沙汰になったのは２０１７年１月でした。前年12月にすでに文科省内では問題がわかっていたので、その報告をするために官邸の杉田和博官房副長官のところに行ったとき、警察庁出身の杉田さんから「なんで今までそんなバカなことをしていたんだ。警察庁はきちんと外部に天下り斡旋会社をつくっているぞ」と怒られました。警察庁は役人が天下り先を斡旋しなくても、警察庁の人事課長ＯＢたちによって運営される外部の会社が天下りを斡旋しています。それに比べて文科省の場合、変な言い方をすれば「稚拙だった」ということです。

**植草**　しかしいずれにせよ、今は文科省の天下り先も先細りしてきているわけですね。

**前川**　そうですが、最近、政治と結び付いている天下りが出てきました。官と業ではなくて政と官と業の関係のなかで天下りが行われている。その典型的な例が文科省から加計学園に天下った木曽功という人です。

木曽さんは私の3年先輩で、文科省を辞めた後、2013年11月までユネスコ大使を務めました。その後、安倍さんのお友だちである「都市経済研究家」の加藤康子《こうこ》さんが取り組んでいた「明治日本の産業革命遺産」のユネスコ世界文化遺産登録の活動をサポートするため、木曽さんには内閣官房参与という地位を与えられたのです。おそらく内閣官房参与として功績を認められて、経緯はつぶさには知りませんが、2016年に加計学園の理事に就任しました。木曽さんは広島出身なので、もともと加計学園との関係はあったかもしれません。

千葉県銚子市にある千葉科学大学を設立したのも加計学園なのですが、2014年5月に千葉科学大学の開学10周年記念セレモニーがありました。そこに当時の安倍総理が出席し、加計学園の理事長である加計孝太郎氏のことを「どんなときも心の奥でつながっている友人、私と加計さんもまさに腹心の友だ」と祝辞で持ち上げたのでした。やはり2016年に木曽さんはこの千葉科学大学の学長にもなっています。

もともと天下りはたしかに非常に大きな問題です。天下っている人のいるところには補助金が入るなど、何らかの利益がもたらされます。たとえば加計学園の付属の学校にも実際、特例的な措置が行われているのです。私も加計学園に天下った木曽さんから「早く獣医学部をつくってくれ」と働きかけを受けていたのですが、天下りではこうした行政の歪みが起こります。逆にいうと、役所側としても補助金や許認可で優遇する代わりに天下りポストを得ることができるのです。

ただ加計学園に関する限り、官業だけではなくて政官業の癒着が象徴的に表れています。それは安倍さんや菅さんに非常に忠義を尽くすと、加計学園の理事になった人のように、待遇のいい天下り先を斡旋してもらえるということなのです。

**鳩山**　となると、政官業というよりも官「官」業だな。もう1つの官は官邸ですよ。

**前川**　それはいい得て妙ですね。

天下りの弊害を防ぐには規制が必要だとしても、今の国家公務員法の規制では、各省庁の外に天下り斡旋会社のような組織をつくれば、いくらでも今まで通りの天下りができるのでザルになっています。

**植草**　私は30年前から天下り禁止を主張してきました。政府系機関には天下りさせないとしても民間企業は別だという話がありますが、私は役所を退任する前、たとえば10年から20年間に関与した企業・業界・団体に対しては天下りを禁止すべきだと提案してきました。

この主張に、今は衆議院議員で、かつて経産省にいた岡田克也さんなどは消極的な意見を示していました。岡田さんの主張の根拠の1つは、職業選択の自由に反するというものです。現行憲法には職業選択の自由の条文に但し書きが付されていて「公共の福祉に反しない限り」職業選択の自由を保障するとしているのですが、自民党の憲法改正草案では「公共の福祉に反しない限り」が消えているのです。職業選択の自由に例外を設けないために、官僚機構が自民党に働きかけて、それを消させたのではないかと推察しています。

天下りの実態として、天下りをした人が役所と企業や業界の間に立って企業や業界に有利な取り計らいを獲得することが問題なので、退任前の10年から20年間に関与した企業・業界・団体には再就職を禁じると決めておかないと弊害を除去できないと思います。

**前川** 今も一応、官僚として関与した企業・業界・団体には一定期間再就職を禁じてはいます。その一定期間は10年という長いスパンではなく2年程度ですから、これもザルであって、再就職のロンダリングはいくらでもできてしまうということです。

**鳩山** かつて民主党はマニフェストに、現職の国会議員の配偶者と3親等以内の親族が、同一の選挙区から連続して立候補することを党のルールとして認めないと明記しました。これも一種の職業選択の自由の制限ですが、公共の福祉という意味合いにおいて、現行憲法に反してはいませんね。天下り禁止についても同様でしょう。

## いったん愚かな人が天下を取るとその後も愚かな人の天下が続く

**前川** 私が『新型コロナ対応民間臨時調査会　調査・検証報告書』を読んだとき、もっともガクッときたのは、「2020年2月27日午前11時8分、官邸を訪問した藤原誠文科事務次官は、安倍首相から、全国一斉休校を要請しようと考えている旨を突如伝えられた。内閣官房幹部によると、このとき藤原次官は、『私もやったほうがいいと思っているんです』などと、即座に応答したとのことであった」という記述があったからです。

藤原さんは私の後任の事務次官ですが、これは何事かと思いました。本当に教育行政のプロなら、全国一斉休校をやったほうがいいなどといってはいけない。しかもコロナ対策について文科省はこの2日前に合理的な方針を打ち出しているわけです。それを知っているのだから全国一斉休校といわれたときには「それはちょっと待ってください」「文科省できちんと検討させてください」「厚労省とも相談させてください」などといわなければいけません。

こういう対応とはまったく逆だったのは、もう何をいわれても官邸に従うという頭になってしまっているからです。同日の夕刻、安倍総理は全国一斉休校を宣言したのでした。

**孫崎**　こんな言い方をすると悪いのですが、世界の首脳にはバカな指導者はいないのです。習近平主席は中国のなかでバカか。そうではありません。中国共産党の厳しい出世競争に勝ってトップに残るような人です。ドイツの首相メルケルもバカではない。それぞれの国で指導者の要件の1つはバカではないばかりでなく、たとえば人的な協調力などをはじめさまざまな能力を持っていることなのです。

バカな指導者がいていいという国は世界にはないのに、日本だけは指導者がバカでもいい。日本はそんな恐ろしい状況に置かれています。だから、やはり悪貨が良貨を駆逐して、次の指導者もバカでということになるのです。たぶん文科省も同じことが起こると思います。1度変な次官が出てくると、それがずっと続く。元に戻るということはまずありません。

1990年代までの外務省にも、基本的に人格がしっかりしていることと知的水準が高いこと、この2つの資質を持っていなければ次官になれないという信仰があったのです。

それで次官になる人は人格的にもしっかりしているし、知的な能力が高いことも示さなければなりません。ところが1990年代末ぐらいから崩れて、そうでない人が次官になったのです。そんな次官が生まれてしまうと、かつてのようにすぐれた2つの資質を持っている人が次官になることもなくなります。

たとえば5人の集団がいて、1人が「役人は能力で評価されるから他人がどうあれ自分の能力で勝負すれば偉くなれるし恵まれる」と思っているとします。他の4人は能力がない人間だと仮定した場合、この4人は愚民同士で結託するのです。そして愚民の勢力がいったん次官を取ると、今度は元に戻らせない力学が働いてしまいます。だから愚かな人が天下を取ると、その後も同じような人がずっと天下を取っていくのです。

**前川**　絶望的な気分ですが、同じ思いです。たしかに今の状態の種は1990年代からあったことを改めて思い知らされた感じがします。

私は1979年から2017年まで現役の役人だったのですが、すでに1980年代ぐらいから官僚主導を見直して政治主導にするのだといわれていました。

私自身は政と官にはそれぞれの役割があって、政策を決定するのは政だけれども、政策をつくるのは官だと思っていたのです。政策決定と政策形成は違うわけで、政策をつくっていくのはやはりシンクタンクでもあり、頭脳集団でもある霞が関の官僚集団。ただし今やその頭脳集団にいるのは、きちんと先を見て考える人だけではありません。いわれたことだけをやっている人、教科書通りにしか動けない人、与えられた正解がないと動けない人もけっこういるのです。こういう人たちについては、国家公務員試験がとにかく覚えたことをそのまま書くと合格する試験であることにも問題があるという気がします。

## 〝なんでも官邸団〟で官邸のいいなりになった官僚たち

**前川**　今や霞が関の事務次官や局長は、とにかく官邸のいうことは何でも聞くという頭になっています。聞かないと飛ばされたり辞めさせられたりするので、逆にいうと、官邸のいうことをなんでも聞く人間しか残りません。情けないなと思います。だから私は、霞が関「なんでも官邸団」だといっているのです。

**孫崎**　霞が関「なんでも官邸団」とは言い得て妙です。

**前川**　官邸のいうことを聞けば優遇されるのは、安倍政権が2020年1月31日に検察庁の業務遂行上の必要性を理由に、黒川弘務東京高検検事長の定年を半年延長する閣議決定をしたことに如実に表れています。黒川さんは同年2月8日に63歳で定年退職を迎えるため、定年が延長されないと検事総長就任は難しい状況でした。閣議決定による定年延長で検事総長への道も開けたのですが、安倍政権が黒川さんを優遇したのも、これまでいろいろな面で尽くしてきたからでした。

この問題は、黒川さんが賭け麻雀をしていたというオウンゴールで同年5月21日に東京高検検事長を辞職して一応の幕が引かれたのですが、これがなかったら世論の反発は強くても黒川さんは検事総長になっていた可能性が高いでしょう。

実は、全国一斉休校に即座に同意した文科事務次官の藤原さんは官房長で1回、事務次官で2回、勤務延長をしてもらっているのです。3回というのは黒川さんどころではありません。勤務延長は1つのポストにつき3回までなので、ひょっとすると藤原さんは2022年3月にまた勤務延長される可能性もある。

官邸から気に入られると勤務延長などいろいろな優遇をしてもらえるため、官邸べったりの官僚ばかりになってしまうのを非常に危惧しています。

それに官邸のあり様もずいぶん変わってきていて、以前は官邸、内閣官房、内閣府にあんなにたくさんの人はいなかったのです。また昔は「官邸官僚」という言葉などなかったのに、今は官邸官僚と呼ばれる人たちがずいぶん増えました。

とにかく官僚の間に「安倍さんや菅さんのいうことには逆らわない」というメンタリティーが根を張ってきているなら恐ろしい状況です。私はファシズムに陥っているのではないかという気さえしています。

**鳩山**　けれども安倍さんも菅さんも、それが政治主導だと勘違いして信じているかもしれませんね。

**前川**　私はむしろ間違った形の政治主導の成れの果てが今の安倍政権、菅政権だと思っています。なぜなら安倍政権、菅政権の政治主導は自分の私利私欲のために官僚機構を使うところまで落ちてしまっているからです。もう今やアメリカのためですらありません。

たとえば加計学園の獣医学部は、お友だちである加計さんのために安倍さんがつくらせたのです。そんなことがもう大手を振ってまかり通っています。

政治家の私利私欲の政策に役人が付き合わされている。あるいは、ご無理ごもっともで政権を握っている政治家が要求するなら、どんなに馬鹿げたことにもただひたすら従う。そういうことなら、もう1度、官の世界を立て直さなければなりません。
ただし、それはもはや官の世界の内部からは無理です。やはり外科的な措置を取らないとできないでしょう。いったん政権が代わってその政権の下でもう1度、政と官との関係を立て直し、官の世界の役割をきちんと認めて、それを国民にわかってもらう努力も必要になってくると思うのです。

**孫崎**　本当の政治主導というのは、やはり国全体のことを考えた日本のプラスになる政治主導でなければなりません。

そうではない悪しき政治主導ということで忘れられないのは、私が1990年代初めのころ、大蔵官僚から聞いた話です。彼が話していたのは「アメリカと交渉して、論理的に自分たちに勝ち目があると思っていたら、官邸から矢が飛んできて交渉から降りろと指示されたことが何回もあった」ということでした。そのときの官邸は、いったいどういう理屈でもって後ろから矢を飛ばしていたのか。

当時の総理は、アメリカに協力しないと足元が揺さぶられて総理であり続けることができないと考えたのでしょう。とすると政策提言も、国益論から出発するのではなくて個人の利益から出発するということになります。しかし政治家が官僚に国益を追求しないような選択を迫るというのは、けっして本当の政治主導ではありません。

国家公務員法の98条には「職員は、その職務を遂行するについて、法令に従い、且つ、上司の職務上の命令に忠実に従わなければならない」と書いてあります。国家公務員は上司の命令に従わなければならないのですが、他方、憲法15条には「すべて公務員は、全体の奉仕者であって、一部の奉仕者ではない」と規定されています。

公務員が「全体の奉仕者」というのは、公務員はやはり国益を追求しなければならないということです。この点からみると残念ながら、今の政治主導のほとんど90％以上は個人の利益あるいは党の利益で動いていると思います。

世界が激変しつつあって、それに対応するためには、日本の政治も新しいものをつくっていく努力をしなければなりません。にもかかわらず、個人の利益を優先しているのでは、日本の国際的な地位もどんどん低下していくでしょう。

官僚は本来、正常な形の日本の制度の下でなら、きちんとした政策を提言できる集団なのです。ところが今は政治の力がものすごく強くなって、前川さんのいう「なんでも官邸団」が出現しました。そのような官邸べったりが日本にとってプラスかマイナスかというと、やはりマイナスです。だから国民も「なんでも官邸団」はマイナスだということを認識することが非常に重要になります。

## 役人が示した虚偽文書を信じて断念した普天間飛行場の県外移転

**植草**　政治主導ということでは、かつての民主党政権も「官僚丸投げの政治から、政権党が責任を持つ政治家主導の政治へ」を原則に掲げて登場しました。

**孫崎**　民主党政権では、変な形で政治家と官僚との力が逆になったと思います。民主党政権のときには、アメリカに注文、介入されて出てきたような政策はおかしいということで、それをひっくり返す動きがありました。だから猛烈に鳩山政権を潰すようなことをやる勢力が出てきたのです。残念ながら、その勢力の中心になったのが外務官僚でした。

外務官僚が潰す勢力となっていろいろ動いたという文書は、のちになってウィキリークス（政府、企業、宗教などの各種団体に関する機密情報を匿名で公開して告発するサイト）にいっぱい出てきました。その文書を読めば、いかに日本の政治がアメリカに介入されて、おかしな方向に進んでいるのかがよくわかります。

**鳩山**　私が総理に就任したとき、沖縄県宜野湾市にある世界一危険とされる普天間飛行場の移設問題が喫緊の課題でした。自民党政権では県内の辺野古を埋め立てて、そこに移設することを決定していました。しかし私は同じ沖縄に移設先を決めてはならないと、「最低でも県外、できれば国外」への移設が望ましいという考え方を表明したのです。それは沖縄県民の熱い期待でもありました。この「最低でも県外」という趣旨はすでに民主党の「沖縄ビジョン」には記されていたものの、政権交代時の民主党のマニフェストにはそこまで明確には書き入れていなかったので、私の勇み足という印象を与えた面もあるかもしれません。

それはともかく、私の念頭にあったのは徳之島移設だったのです。なぜなら、官邸を訪れた徳之島の青年たちから、町の活性化のためにぜひ米軍基地を徳之島につくってほしいとの要請を受けていたからです。しかし、その後徳之島住民の反対運動もあり、結局、普天間飛行場の移転先について同じ沖縄の辺野古移設に回帰するという判断に至りました。このため総理を辞めることにもなったのです。

では、なぜ徳之島移設を完全に諦めたのかというと、私のところにやって来た外務省と防衛省の役人から、外務省が在日アメリカ大使館から入手したという、徳之島移設が困難な理由を明記した極秘文書を見せられたからでした。それには、米軍の基準では海兵隊の航空部隊を沖縄の北部訓練場から65カイリ（約１２０キロ）以内に置く必要があるとして約１９２キロ離れた徳之島案を拒否する旨が記されていたのです。

私はそれまで県外移設を完全には諦めていなかったのですが、この極秘文書を読んで県外移設は無理だと理解したのでした。ところがすでに総理を辞めた後になって調べてみると、米軍にはそのような基準はなかったことが判明したのです。この極秘文書の内容は真っ赤な嘘だと判明したのでした。外務省が作成した虚偽文書だと知っていれば当然、総理として県外移設に向けて、さらに努力を続けたはずです。

虚偽文書を持ってきた役人のみなさんは面と向かって私に「絶対に辺野古移設ではないとダメです」という言い方はしませんでした。ただ虚偽文書を提示しただけだったのですが、私はそれを虚偽文書だと見抜けなかったわけです。まあ、騙された私が悪かったのですがね。

このときまで私は、「役人は無謬《むびゅう》主義（あやまりがないこと）でけっして嘘を付かない」と信じていました。父の鳩山威一郎（のちに参議院議員、福田赳夫内閣で外務大臣）も旧大蔵省の官僚でしたし。

父が大蔵官僚だったときは、たとえば毎日のように付け届けが贈られてきます。ところが半分以上は「これは政治家から来たものだから、もらえない」といって送り返していたのです。だから役人は誰もがすごく正義感と倫理観があって、けっして嘘を付かない無謬主義だと思っていたのです。

**前川**　それはお父様が素晴らしかったのであって、民主党政権時代にもどうしようもない役人はいたと思います。

**孫崎**　鳩山政権はアメリカから見ると、望ましくない政権だということがきわめて明確でした。

だから外務官僚も事務官から課長、局長まで省を挙げて鳩山潰しに動いていたわけです。そういう意味では、ちょっと特殊な時代だったのかもしれません。

**植草**　戦後の一時期を除き、戦後一貫してアメリカの意向に従わない者を潰すという、孫崎さんの著書『アメリカに潰された政治家たち』がその真実を見事に浮かび上がらせています。

**鳩山**　自分が政治家になったとき、官僚のみなさんに対しては、政治家がすべて責任を持つという意味での政治主導が必要だと考えていました。実際、官僚のみなさんには「責任は私が持つから、あなた方の知恵を結集してほしい」とお願いしたのです。私たちが政治主導と主張したのは国民が主役の政治を行うことで、国民益を優先して政策を決定するシステムのことです。先ほど前川さんがおっしゃったように、頭脳集団としての官僚の知恵を結集して責任を持つ政治家のために政策形成をしてほしいと考えていました。しかし、たぶん官僚のみなさんは、民主党政権ができたとき、「官から民へ」とか「政治家主導」という民主党のスローガンに対して官僚がないがしろにされると懸念して、かなり反発していたのかもしれません。

**植草**　2014年5月に霞が関の全省庁の部長級以上と部長候補の官僚の人事を一元管理する内閣人事局が発足しました。これで安倍政権の官僚を統制する力が強くなったといわれています。

**鳩山**　やはり内閣人事局ができたことで、官邸の力がやたら強くなりました。もっとも私どもも、内閣人事局を設立する法律をつくり上げたかったのです。けれども、それができないうちにこちらがお釈迦《しゃか》になってしまいました。

本当に国民のために仕事をしようとする官邸であれば、内閣人事局をうまく運用させられる可能性はあると思うのです。しかし自分たちの利権や立身出世など政治家が「自分のため」という発想になった瞬間に、内閣人事局は非常にまずい方向に動いてしまいます。まさにそれこそが安倍政権と菅政権の官邸主導の現状なのです。

**植草**　官僚は基本的に人事評価基準に準拠して行動します。だから人事評価基準が適正であることが非常に重要なのです。ところが今の官邸主導人事では公共の福祉や国民のために尽くしていることではなく、政権トップに忠誠を尽くしていることが人事評価基準になっています。つまり単に権力に対する忠誠心があるかどうかが評価の基準に置かれているので、国民への奉仕者である公務員に対する公正公平であるべき人事評価基準が歪になっているのです。

それで前川さんのような人物が排除されてしまう。正しいことをする人は、官邸にとっては鬱陶《うっとう》しいということなのだと思います。

**前川**　いや、私は排除されたのではありません。違法天下り斡旋問題は文科省自身の失態ですから、その責任を取って辞めたのでした。

ただし私が事務次官になったのは、おそらく官邸からしてみれば間違いだった、大失敗だったということになるでしょう。

**植草**　こういうご時世で前川さんのような方が次官になったのですから、そのときの文科省はいい官庁だったということですね。

**前川**　私が次官になったときの文科大臣は元プロレスラーの馳浩さんでした。自民党では少しはぐれているというか、浮いている感じのある人です。出馬時にお世話になったので森喜朗さんの子分ではあるけれども、ＬＧＢＴの法案に熱心であるなど森さんとは考え方がだいぶ違います。

## 役所同士の相互チェックがなくなり優秀な若手官僚も辞めていく

**鳩山**　私が自民党の若手国会議員だったとき、当時は大臣になるのが自民党議員の最大の目的だったわけです。「大臣になって何をやりたい」「これをやりたいから大臣になる」というのではなくて、大臣になること自体が目的でした。

私が国会議員一期生のとき、鰻屋で大臣候補者を励ます小さな会が開かれたことがあります。そこで「いよいよ大臣ですね。何大臣になりたいですか」と聞いたら、その大臣候補者から「いや、とにかく大臣という名前、肩書がほしい」という言葉が返ってきて、とてもがっかりしたのを覚えています。そのくらい大臣になることが目的だということは、当時の自民党では当選を重ねさえすれば、バカでも大臣になれるシステムになっていたわけです。

バカの大臣なら、役人たちの集団の単なるシャッポとして存在しているだけになってしまう。そんなことでは本当に国民のための政治になるはずがありません。私が自民党を飛び出した理由も、自民党の大臣を生むシステムに疑問を感じたからでした。

私は総理になって初めての閣議に意気込んで臨みました。大臣も本当の役割を果たすべきだからと、大臣たちに「あなた方、これからは役所にとらわれないで、どんどん発言してください。どんな発言でもかまいません」と訴えたのでした。

また私どもは国民の選挙という洗礼を受けて当選してきたのだから、国民の声が官僚よりもわかるはずです。大臣や政治家は官僚にすべて任せるようなことはせずに、しっかりと仕事をしようではないかという認識も持っていました。そこまではよかったと思います。

ところが閣議を続けていくうちにどの大臣も「うちの役所では」と語り始め、そのうち自分の管轄する役所の話ばかりをするようになってしまったのです。国民の代表者ではなく、省庁の代表者に成り下がっていたのです。

**植草**　それまで官僚の力の源泉でもあるといわれていた事務次官会議をなくしたのも民主党政権でした。

**鳩山**　民主党が掲げた「官僚主導から政治主導へ」という言葉はかなり国民に好意的に受けとられた部分はあります。ただ、その場合の政治主導というのは官から民、すなわち国民主導なのです。私どもの政治主導は国民主権を本当につくるためのものでした。

当時の事務次官会議は全会一致が原則で、そこで反対された案件は閣議に上がってこなかったのです。逆に事務次官会議で了承された案件は、すべて閣議に上げただけで了承、決まってしまう。というのは、各大臣にとっては自分の役所で了承した案件なのだから、役所のトップとして反対する理由がないからです。

そうなると、いったい閣議には何の意味があるのか、結局、政治の決定のトップ機関も事務次官会議で、閣議は上がってきた案件にハンコを押すだけではないか、それでは政治主導とはいえないではないかということで、事務次官会議を廃止することになったのでした。

**前川**　民主党政権までの事務次官会議は閣議の前日に開かれていました。閣議は火曜日と金曜日の午前に行われましたから、前日の月曜日と木曜日のお昼に事務次官会議を開いてそこで閣議にかける案件を通すのです。それで事務次官会議で通らない案件は閣議にかけられないという慣習法的なルールができていました。

民主党政権以降の自公政権になっても、以前の事務次官会議という形のものはありません。今は事務次官等連絡会を週に1回金曜日のお昼に開いています。しかしこれは閣議のあとですから、ただ事務次官たちがお昼ご飯を食べて雑談していました。そこでは政府から事務次官たちへの上意下達のお達しを行うだけの集まりとなっています。そのお達しの進行を仕切る事務の官房副長官から「政府の方針はこうである。この枠から出てはいけない」というようなお達しがあると、それを事務次官が一生懸命に書き留めて、それぞれの役所に帰ってから局長たちに「こういうことになったから気を付けろ」などと注意しているのです。

私も事務次官だったので事務次官等連絡会に出ていましたが、よく覚えているのは、いわゆる共謀罪法案が国会にかかったときに、「きみたちはけっして共謀罪という言葉を使ってはいけない。これはテロ等準備罪である」というお達しがあったことです。共謀罪法案が本当にテロ対策法案だったのかはきわめて疑問ですが、いずれにせよ、まったく関係のない役所に対しても「共謀罪という言葉を使うな」というのはおかしなことでした。

かつての事務次官会議も事務次官同士で口角泡《こうかくあわ》を飛ばす議論をしていたわけではありません。しかし、その前段階で関連する案件を抱える省庁同士では、厳しい協議をしていました。だから事務次官会議は省庁同士の協議の、いわば手打ちの場だったのです。

それでもたしかに政治主導を妨げる要素が事務次官会議にあったのは事実です。ですので本当の政治主導という意味で閣議の前に大臣や政務三役も含めて、各省庁間できちんと相互にチェックをするという仕組みができれば一番いいのではないかと思います。

**孫崎**　事務次官等連絡会が上意下達の場になっているとすれば、今は各省庁間で相互にチェックすることもないのですか。

**前川**　ありません。「司司《つかさつかさ》」という言葉ももう廃《すた》れてきています。

司司は各省庁単位で政策づくりや政策の実行が最適になるように努力するといった意味です。つまり、1つの省庁で各分野のそれぞれ知識も経験も豊富に持っている官僚の下で政策がつくられていくと、ときには他の省庁とも競合、利益相反する場合があるので、そこは省庁同士が折衝・調整して、よりよい政策を仕上げていくわけです。

昔は各省庁の折衝をものすごく厳しくやっていました。お互いの役所同士で、相手の役所がやろうとしていることはこちらの役所から見るとこんな問題がある、ということをきちんと指摘していきます。それでオールジャパンとして間違いのない政策をつくっていくという役所同士の相互チェックが利いていたのです。この役所同士の相互チェックはもうなくなっています。

これは事務次官会議をなくしたことの1つの弊害だという見方もあるのですが、相互チェックが残っていれば事務次官会議などなくてもいいのです。今は相互チェックが利かないため、「そんなことをやっていいのか」というものが、そのままストレートに法案になって国会に提出されるということが往々にして起こっています。

**鳩山**　相互チェック機能がなくなっているのも、官僚機構の劣化の1つでしょう。もう1つの劣化は、物理的に人員が減り官僚の質も下がってきているということだと思います。

**前川**　安倍政権や菅政権での財政面ではかなり大きな政府になっていると思うのですが、公務員の数という点では小さな政府です。国でも地方でも公務員はどんどん減らされています。

今の霞が関では人員が減らされている問題だけでなく、若手の官僚が自ら次々に辞めているのです。本当にやり甲斐がなくなっているのに残業ばかりが多い、こんなブラックな仕事場にはもういられないと自ら辞めていくことが大問題なのです。自分たちが政策をつくって国民のために仕事をしているという実感が少しでもあれば、どんなに残業をしても耐えていけるどころか、むしろ喜んでいくらでも残業をするのですが、その残業の質が落ちてしまっています。たとえばアベノマスクを配れといわれても、やる気が湧くはずがありません。こんな仕事のために自分はいるのかと思うようなことをさせられているのです。

となると若手の官僚も自分たちの存在理由が疑わしくなってしまい、もともと給料は安いわけで、給料が安くても世のため人のために仕事ができると思ったから官僚になったつもりだったのに、こんなことだったら民間企業に行って2倍の給料をもらったほうがいいと考えるようになっています。だからビズリーチなどの転職斡旋会社に登録して転職していってしまうのです。しかも本当に能力のある人から先に転職していって、能力のない人のほうが残ってしまう。

霞が関はそんな危機的な状況になっていると思います。

**鳩山**　前川さんの結論は非常に重大です。官僚のみなさんは政策集団のトップでなければいけないのに、優秀な人ほど先に辞めてしまい、結果として優秀でない人だけが残る。また最近では優秀ではない人が官僚になっています。

国の行政を担う有為《うい》の人材が減っていったらこの国の将来どうなるのだろうと、私は今、とても心配しています。例えば優秀な若手官僚が辞めた後、非常に劣化した日本を政治から立て直すために、政治の道を目指してくれたら、日本の未来に希望も生まれるのですが。

## 民主主義の仕組みによって資本主義や自由主義の弊害を取り除く

**植草**　今のような日本のおかしな政治が成り立っている要因が3つあると考えています。1つめは刑事司法が政治権力によって不当に支配されてしまっていること。警察・検察・裁判所が政治権力によって不正に支配、私物化されてしまっています。

2つめは、やはり政治権力が主要なメディアと情報空間を恣意的にコントロールしてしまっていること。日本にはマスメディアの「16社体制※」という言葉があり、非常に限られた少数のメディアが情報空間の大半を仕切っています。ネットの情報も大手のポータルサイトが押さえているので、政治権力が情報空間を支配することが容易になってしまっています。

※読売・朝日・毎日・産経・日経の全国紙５社と日テレ・テレ朝・TBS・フジ・テレ東のキー局５社、共同・時事の２つの通信社、北海道・中日・西日本の３つの新聞社、これにNHKを加えたのが16社体制。

**前川**　日本の大手メディアは、ほとんどが政府広報や自民党広報みたいになってきました。

**植草**　まさにそうです。そして3つめの要因が一番の根幹だと思います。政治のレベルは国民のレベルを超えられないといわれます。国民がしっかりしていれば政治は変わるはずなのに、国民が政治に対して非常に「ぬるい」ということです。

ところでフランス革命の理念に自由・平等・博愛があります。その自由に示される自由主義を突き詰めれば資本主義になるのですが、資本主義は、弱肉強食によって格差の広がる社会を生み出すことになります。つまり自由と平等という2つの価値には、本質的に対立・矛盾するものが内包されているわけです。自由であり、かつ平等であるというのは、言葉で表現するのはたやすいですが、現実社会においては達成が極めて困難な課題であると思います。

自由主義の延長上にある資本主義は弱肉強食の本質を有していますが、強者として君臨するのは極めて少数者ということになります。これに対して平等を求めるのは少数の強者以外の圧倒的多数の社会の構成員、市民になります。自由主義、資本主義がもたらす少数者による支配の構造を是正する力を発揮するのが多数の市民の力であり、これが民主主義の価値ということになると思います。

自由と平等の間に相克と矛盾があり、それを敷衍《ふえん》して考えると、資本主義と民主主義との間にも本質的な対立、矛盾があることをはっきりと認識することが大事だと考えます。このことから私は、資本主義対民主主義という対立概念を提示しています。世界が今直面している格差や貧困の問題は、資本主義がもたらす当然の帰結としての問題なのです。その問題を解決する大きな手段になるのが民主主義の活用ということになると思います。

具体的に言えば、民主主義、とりわけ選挙行動を通じて社会の仕組みに改善の手を施していく。選挙を通じて国民多数の利益にかなう政権や政治を実現していくことが大事だと思います。そのためには「ぬるく」なってしまっている国民の意識を変えることが、とても大切だと思います。

日本国憲法前文に表現されているように、正当に選挙された代表者である政治家を通じて、知識と見識を備えた政権を創出し、その政権の指揮に従う執行機関としての公務員組織が主権者である国民のための行政を行う方向に進んでいかなければなりません。

**鳩山**　やはり自由と平等というのは、なかなか両立しません。だから自由が行きすぎるとまさに弱肉強食になるのです。働いても働かなくても平等という話になると、怠惰になったりして必ずしも社会はうまくいきません。そこには人間の愛というものを介在させる必要があるということで、私は友愛が自由と平等の架け橋になると主張してきました。

別の言い方をすると、自由では自己の自由だけではなく他者に対して自由を保障しなければいけない。自由は自分勝手に何をやってもいいというものではなく、他者が自由であることを妨げてはいけないということでもあるのです。

今のコロナ禍もまさにそれが当てはまるでしょう。自分の自由な行動が他者を感染させたり命に影響を与えたりすることがあるとすれば、他者の自由を奪うことになります。

自分さえよければいいというのではなく、むしろ自由を自己規制していかなければなりません。

新自由主義にはとにかく強い者が勝ち残ればいいという発想がありますから、となると平等とは矛盾します。だからこそ私は友愛思想を広げていくことが重要だと確信しているわけです。

**植草** 「アメリカが唯一の超大国となってアメリカ主導の新自由主義が世界の潮流になりつつある時代にあって、友愛の理念を新自由主義と市場原理主義の抑制概念として再定義したのが鳩山総理だった」と元衆議院議員の中島政希《まさき》さんが指摘しています。

この意味で友愛は自由主義の行き過ぎを抑制する重要な価値を持つ思想です。日本国憲法は「基本的人権」を保障しますが、抑制するものとして「公共の福祉」を挙げています。公共の福祉とは、基本的人権が衝突する場合に、その衝突する利害を調整しなければならないという考え方です。公共の福祉を重んじる考え方は、自由主義の行き過ぎに対する抑制概念としての友愛の思想に通じるものであるとも言えます。

自民党の憲法改正草案は、基本的人権である自由権を制限するものとして「公益及び公の秩序」を前面に掲げています。これは利害の調整ではなく、国家の事情による基本的人権の制限、侵害というべきものです。基本的人権の尊重を毀損《きそん》する自民党案は時代に逆行するものです。

**前川**　私は文科省という学問、文化、教育などを司る役所にいたので、つねに自由の尊重を念頭に置いて仕事をしてきました。そこで考えられている自由とは「精神的自由」です。つまり憲法でいうと19条の「良心の自由」、20条の「信教の自由」、21条の「表現の自由」、23条の「学問の自由」などです。

私が東大で教えてもらったのは憲法学の大家、芦部信喜《あしべのぶよし》先生でした。芦部先生の理論はアメリカの憲法判例に基づいていて、自由というときに「経済的自由」と精神的自由に分けて考えます。平等とバッティングするのは経済的自由のほうなのです。

憲法も経済的自由は29条に「財産権の内容は、公共の福祉に適合するように、法律でこれを定める」と公共の福祉がしっかりと規定されています。だから強い者がどんどん富を蓄積すればいいということではなく、「あなたの財産はここまでだよ」ということはやっていいと憲法の条文のなかに初めから書いてあるのです。

たとえば公共の福祉の、いわば平等という観点からは非常に累進率の高い税制をつくっても許されるでしょう。実際、日本では１９８０年ごろまで累進率はかなり高くなっていました。「日本には大金持ちはいらない」という思想がもともとあったからです。当時は高所得者でも所得のほとんどを税金で取られるようなことがあって、「日本は社会主義国ではないか」とさえいわれたものでした。

しかし19条、20条、21条、23条といった精神的自由の規定のなかには、いずれにも公共の福祉の言葉は出てきません。もっとも、それでも21条の表現の自由の場合、どうしても自分の自由と他人の自由とがバッティングして他人のプライバシーを侵害するといった可能性が高くなります。そこでは自由と自由との調整が行われなければならないという問題はあります。

## 精神的自由を公益や公の秩序によって抑え込むことはできない

**前川**　やはり芦部先生の理論によると、精神的自由は死んでも守らなくてはいけないということになります。安易に公共の福祉で精神的自由を抑え込むことはできないのです。

そもそも公共の福祉という概念自体も曖昧《あいまい》なところがあって、それをさらに公益や公の秩序などという言葉に言い換えて精神的自由を抑え込もうとするなら、もっと危なくなっていきます。

最近では2019年の「あいちトリエンナーレ：表現の不自由展・その後」や2020年の「日本学術会議」に対して、精神的自由を抑え込む動きがありました。

愛知県で開かれた作品展のあいちトリエンナーレについては、文化庁が申請時に安全への脅威に関する申告が不十分だったという理由で補助金の全額不交付を決定しました。日本学術会議のほうは自然科学、人文・社会科学の幅広い研究者の集う組織で、これまで政府に政策提言を行ってきたのですが、菅政権は発足直後に日本学術会議が新会員候補として推薦した候補者105人のうち6人の任命を拒否したのでした。

いずれにも精神的自由に対する政府の安易な考え方が表れていると思います。

**植草**　2019年7月に行われた参議院選挙のときに札幌市で自民党候補の応援演説をしていた安倍総理に対して野次を放った男性が警官に移動させられたということもありました。これも精神的自由の侵害にあたるのでしょうね。

**前川**　もちろんです。それは小さい事例だけれども、ちょっと危ない兆候がありました。事件は選挙カーの上で応援演説していた安倍総理を、道路を隔てて約20メートル離れたところにいた聴衆の男性1人が「安倍やめろ、帰れ」などと野次ったわけです。それでこの男性を制服と私服の警官5、6人が取り囲んで、服や体をつかんで拘束し数十メートル後方に移動させたのでした。

拡声器による大きな声で野次ったのなら、条例に違反するかもしれません。しかし男性は公道にいて肉声で野次っただけです。警官が令状なしに身体を拘束して排除するようなことがあっていいはずがありません。しかしそれを現にやってしまいました。警官が違法だと告訴されても、警察側から公益や公の秩序という言葉で正当化されてしまう危険性があります。

良心の自由、表現の自由、学問の自由というものはしっかりと守らなければならないのに、それらを抑制する原理に公益や公の秩序を持ち出すのは非常に危険です。

それに精神的に自立した人間でなければ、賢い主権者になれないという意味でも、やはり精神的自由はものすごく大事だと思います。平たい言葉でいえば、政府に騙されない人間を育てることが大事だということです。

前段の教育の話に戻りますが、「覚えて従うだけではいけない、自分で考えて自分の考えで行動できる人間を育てる」、そこからしかまっとうな政治につながっていく道筋はないのではないかと思っています。

**鳩山**　2009年の政権交代の総選挙では、私の応援演説に対して、動員された聴衆が盛んに大声で野次っていましたが、警官は何も制止をしようとは動かなかったですね。警官の行為も政党によるのでしょう。野次られると気持ちが萎えるものですが、精神的自由なので仕方ないと諦めていました。

**植草**　2014年と2017年の総選挙では投票率が5割強しかありませんでした。投票を行った有権者の半分弱が自公への投票者でした。投票した人の半分強は反自公への投票者だったのですが、反自公勢力が1つにまとまっていなかったため、獲得議席数で自公7対反自公3という結果になりました。

　鳩山政権が誕生した2009年の総選挙のときは民主党が圧倒的に大勝しました。だから日本に政治を刷新する土壌がないわけではないと思います。ただ問題は、自公の支持者が全有権者の25％弱いて、この人たちが政権を維持するために何をしているかです。

　3つの重要な戦術があります。第一が動員です。支持者を車で送り迎えをしてでも投票所に連れて行きます。第二は妨害。自公支持者以外の75％強の国民にできるだけ政治に関心を持たせないようにするのです。これには刑事司法とメディアも協力するので、選挙が近づくとなぜか芸能人の薬物事件などが表面化したりします。

　第三は、反自公の人たちを分断することです。これが最重要の戦術です。具体的には反自公勢力を共産党と組む勢力と共産党と組まない勢力に割ってしまうことです。連合の6産別と呼ばれる大企業の御用組合と国民民主党は共産党と組まないことを強く主張しています。立憲民主党代表の枝野幸男さんも両者の勢力の間で何となくフラフラしているという状況です。

　共産党と組んで連合6産別の票が逃げてしまうのが心配なのでしょうが、連合700万人の組合員のうち6産別は400万人で、これは選挙の投票率の約4％に該当します。ですから反自公の人々の投票を奨励して投票率を4％ポイント上昇させることができれば、6産別の影響を除去することができるのです。

6産別の影響力を過大視するべきでありません。民主党が大勝して政権を樹立した2009年の選挙は69％の投票率でした。そこまで投票率が上がれば、6産別の影響力は完全に無視できるのです。

反自公陣営が、「戦争をしない、弱肉強食から共に生きる政策に変える、原発をゼロにする」などの基本政策の合意に基づいて、共産党やれいわ新選組をも含む共闘体制を「政策連合」として構築し、候補者一本化を実現できれば、次の衆院総選挙で政権を奪取することも不可能ではなくなります。

## 嘘の答弁によって政権の批判者の言動を貶めようとする印象操作

**鳩山**　ことわざに「出る杭は打たれる」がありますが、私は打たれた「出る杭」であって、そのためになかなか厳しい経験をしているわけです。だからこそ世の中の真相が見えている部分もあると思います。

**植草**　私もいわれなき冤罪《えんざい》事件に巻き込まれました。そのすべてが正真正銘の冤罪事案であり、再審請求の戦いを今も継続しています。いずれ政権刷新を実現した暁に真実を明らかにしたいと考えていますが、私も日本政治の刷新を追求したがゆえに人物破壊工作の対象になったと認識しています。

「政策連合（＝オールジャパン平和と共生）」は「ガーベラ革命」を提唱しています。ガーベラという花の色とりどりは多様性の象徴です。花言葉は希望、前進、限りない挑戦。そのガーベラの花に託して誰もが笑顔で生きていける社会を実現することを「ガーベラ革命」と命名し、市民の行動による実現を目指しています。

**前川**　私は、内閣官房長官時代の菅さんから2つのことで人格攻撃を受けました。そのことで今でも菅さんをまったく許せません。すなわち菅さんは2017年6月5日の衆議院決算行政監視委員会で私について、「売春の温床とされる出会い系バーで女性を外に引き出し小遣いまで渡していた」「文科省の違法天下り斡旋問題の責任を取ろうとせずに事務次官職の定年延長を求めた」という内容の発言をしたのです。しかも菅さんは記者会見でも同様の発言をしています。

まず新宿のバーの件は、そこに行ったこと、いろいろな女性の話を聞いていたことは事実ですが、いかがわしいことなどしていません。これについては、2017年5月22日の読売新聞朝刊に、私が新宿のバーでいかがわしいことをしたかのような記事が掲載されたのでした。

この記事が出る前、もともと知り合いだった読売新聞の文科省担当記者からショートメールが届きました。「新宿のバーの問題について聞きたいといっている同僚の記者がいるけれども取材に応じられるか」という打診です。続いて取材をしている記者本人から「答えてほしい」と、さまざまな質問事項が記されたメールが来たのです。

そこで他の大手メディアの知人に相談したところ、「読売新聞ともあろうものが、前川さんが新宿のバーに行っていたというだけで変な記事を書くはずがない。放っておけばいい」との返事でした。私も読売新聞なのだから、まさかそんな記事を出さないだろうと思ったのです。

ところが突然、先ほどいったように5月22日の読売新聞朝刊に記事が載ったわけです。問題は読売新聞にこの記事を書かせたのが官邸だと思われる点です。

**植草**　もう1つの件の詳細は、2017年6月5日の衆議院での菅さんの具体的な答弁は「(前川さんが)昨年12月末に副長官の求めに応じて説明に来たさいに、自らの進退については示さなかったんです。さらにその後に、3月までも定年延長をしたい、事務次官として続けたいと打診があって、さらには定年である3月末まで次官を続けたいといっていたんですよ」となっていることです。完全な虚偽答弁ということですね。

**前川**　そうです。文科省の違法天下り斡旋問題には誰かが責任を取らないといけないなら、役人の世界での不祥事なので責任を取るのは大臣ではなく役人世界のトップである事務次官、つまり私しかいないと思いました。だから私は正月休みに考えて、自分が引責辞任するしか収める方法はないと判断したのです。2017年1月初めにそれを当時の松野博一文科大臣にお伝えに行ったところ、松野さんからは「あなたの前の事務次官のときに起きた不祥事なのだから、あなたが辞めることはない」と慰留されました。

結果、大臣とは、「官邸の意向を聞いたうえで最終的に決めましょう」ということになりました。そこで官邸の杉田和博官房副長官のところに行って、「この問題の責任を取って、私が辞めようと思います」と伝えたら、杉田さんから「それが一番いいよ。それでこそ役人だ」といわれました。杉田さんも認めてくれたことを文科省に帰って松野さんに報告したら、彼も慰留を諦めて私の辞任を認めたのです。だから私は2017年1月20日の時点で文科省を辞めたのでした。

ところが、その経緯について菅さんは国会答弁や記者会見で、私が責任を取って辞めるというっているのに「地位に恋々とした」というような、まったく逆のことを公表したのです。

菅さんは杉田さんから経緯の報告を受けているはずなので、事実はわかっているに違いありません。杉田さんと菅さんは一心同体だし、立場的に杉田さんが菅さんに嘘の報告をするはずがないので、私は菅さんが意図的に事実と異なることを公表したのだと思います。

ひところ、この件で菅官房長官を名誉毀損で訴えようかと本気で考えたくらいです。すでに3年の起訴時効が過ぎたので、もう訴えられませんが、今でもこの件については許しがたい。

国会で2017年7月に衆参の予算委員会の閉会中審査があったとき、そこで立憲民主党の蓮舫参議院議員に「あなたの辞任の経緯について、あなたと菅官房長官のいうことが食い違っていますけど、どちらが本当なのですか」という質問を受けました。もちろん私は「自分から申し上げて辞めました」と答弁しました。蓮舫さんには、あの質問で弁明の機会を与えてもらって感謝しています。

**孫崎**　それにしても、なぜ菅さんは答弁や記者会見で嘘の発言を繰り返したのでしょうか。

**前川**　私は事務次官を辞任した後、加計学園の獣医学部新設問題などで安倍政権は行政を歪めていると強く批判してきました。それが安倍政権の逆鱗《げきりん》に触れて、それで菅さんは、新宿のバーや辞任の件での私の言動を捏造し、私の人格を貶《おとし》めようとしたのだと思います。

つまり「前川という人間は信用できないから、前川の話していることも信用できない」と世間に信じさせるようにしたのです。加計学園問題で行政が歪められたというのも前川が自分の妄想で勝手に話していることで、それは安倍政権に対する腹いせだという印象操作をしようとしたのでしょう。

安倍政権がそのような手法を実際に使ったというのは、非常に怖いことです。だから私以外にも、いろいろな手段で口を封じられている人が数多くいるのではないかとも推測できます。このような捏造が行われている、この国の政治について大いに懸念しています。

## みんなが参加しみんなで徹底的に議論し新しい政治を担っていく

**孫崎**　私が今、考えているのは日本の新しい力をどうするかということです。たとえば立憲民主党の人たちも国民から見たら、全然魅力がないわけです。だから立憲民主党の人に投票しようという気持ちが起こってこない。

しかし実際には、突出している人たちはやはりいるのです。お笑い芸人でいえば、「ウーマンラッシュアワー」という漫才コンビの1人、村本大輔さん。国民が政治を選択するわけだから、その選択に野党側が期待するなら、すでにある程度、国民のなかで支持のある人たちを集めて、何らかの集団をつくればいいと思います。

村本さんは必ずしも政治家として満点の人物ではないかもしれませんが、あのような人たちをそのグループのなかにどんどん入れていけばいい。

**前川**　お笑いコンビの「リップサービス」の榎森耕助さんが扮する「せやろがいおじさん」という人もなかなか面白いですね。

**孫崎**　他人より飛び上がっている人、抜きん出ている人には賛同が集まります。その力を使って対抗軸をつくっていかなければなりません。

今さら「この人は立派な人です。みなさん支持してください」といっても国民は付いてこない。そして新しい政治集団をつくっていくときの代表には前川さんがいいと思うのですけれども、周囲には国民からすでに認知されている人を集めるわけです。

**前川** 当然、そのなかには孫崎さんも入るでしょう。

**孫崎** 私のようにバッテンのある人間はダメなのですよ。

**前川** 私もあります。

**孫崎** いやいや、前川さんの場合には、バッテンが国民にとってものすごくプラスになっています。単に「出る杭」だったということでしょうし。

**鳩山** 国民を変えるためにはバッテンになった人、出る杭になって打たれた人こそ頑張らなければいけませんね。

**孫崎** 付け加えると、音楽家で活動家の三宅洋平さんは一度潰されました。けれども、基本的な考え方は同じです。最近、彼が歌っている歌を私も聞いたのですが、非常にいい。彼だったら何百万人もの人たちが集まります。そういう人がいれば、今までのように「政治家になりたいだけ」というような人たちはいりません。

TPP反対の集会でも彼には誰よりも動員力がありました。そのようにもうすでに認知をされている集団をつくるべきで、今まで政治家をやっていたような人たちを集めて、「私たちがやります」と演説させてもダメだと思います。もうすでに20代、30代にある程度の支持を持っている人たちで価値観の基本的なところが同じであれば、少しぐらい政策に違うところがあってもかまわないでしょう。

**植草**　20代、30代の人たちにアピールすることではツイッターやフェイスブックなどのSNSを多くの人が使うようになったことも追い風になりますね。

**孫崎**　SNSのような手段も、いわゆる「自民党的なものでない」形の政治勢力を生み出すことに利用できます。たとえば東京高検検事長の定年延長を批判する世論が高まったのには、「検察はおかしいんじゃないか」という批判のツイッターに300万以上のフォロワーが集まったことが大きかった。それからさらに批判がどんどん拡散していきました。これを動かした勢力に政治家はいません。介在もしていなかった。

だから旧来の政治家的なものを土台にしては、国民の支持は得られないのです。国民は1点に集まります。まさに村本さんや「きゃりーぱみゅぱみゅ」、新聞記者の望月衣塑子さんのような国民を1点に集められる人たちを中心とした政治勢力をつくっていかなければなりません。

**前川**　「検察庁法改正に抗議します」というツイッターは笛美さんという一般人の女性が出しました。このツイッターの話には新しい民主主義の可能性を感じます。今でも笛美さんの顔も姿もわからないし、本当の名前かどうかも不明です。でも、そのツイッターには小泉今日子さんも乗っかりました。キョンキョンの影響力も非常に大きかったですね。

**植草**　私たち市民は2009年に鳩山政権を誕生させたという実績を持っています。孫崎さんの提案も実現できるはずです。ただし新しい政権を樹立するためには、どうしても求心力のある魅力的なリーダーが必要です。

**孫崎**　あのときには鳩山さんが中心の1点になりました。新鮮な政治家を求めたいという国民の気持ちにものすごく合致したから、国民は鳩山さんに惹《ひ》きつけられていったのです。だから、もし次の日本のあり様を考えるのであれば、今度は前川さんに1点になってほしい。

**前川**　ダメですよ。私だって孫崎さんよりは若いが、四捨五入すれば70歳なので、世間的には若くはありません。

**孫崎**　前川さんと同じような能力を持った人が官僚のなかにも他にいると思うのです。問題は国民がどれくらいそれを支持してくれるかです。この人は素晴らしい、知的能力もあるし統率力もあるという人がたとえ財務省のなかにいても、国民は絶対に付いていきません。その点、前川さんは独特のブランド持っています。そのブランドはすでに国民のある層から期待されていて、他の人で代替できないですよ。

**鳩山**　そこでいいたいのは、私はいろいろな人たちと一緒に共和主義という考え方を大事にしたいと思っています。アメリカの共和党はともかく、共和主義という考え方は幕末の横井小楠《しょうなん》

## 「国是七条」とは

1. 大将軍上洛して列世の無礼を謝せ。
1. 諸侯の参勤を止めて述職（天子への上申）となせ。
1. 諸侯の室家（妻）を帰せ。
1. 外様・譜代にかぎらず賢をえらびて政官となせ。
1. 大いに言路をひらき天下とともに公共の政をなせ。
1. 海軍をおこし兵威を強くせよ。
1. 相対交易をやめ官交易となせ。

幕府の政事総裁職に就任した松平春嶽のブレーンであった横井小楠は改革の方針「国是七条」をまとめ献策した。

が主張していたものです。横井小楠は、「二院制も含めて幕府と朝廷の両方を押えて国民とともに議会を起こさなくてはダメだ」と主張していました。

横井小楠は「国是七条」を発案し、それが坂本龍馬の「船中八策」になり、さらに「五箇条の御誓文」にも使われたのでした。横井小楠には非常に先見性があって、当時すでに「大いに言論を開き、天下と共に公共の政《まつりごと》をなせ」といっていたのです。これは「身分の上下もなく、大いに言論活動を行って、みんなで協力して天下の政を担いなさい」というもので、まさに共和主義の原点だと思います。

結局、横井小楠は長州と薩摩の力で暗殺されてしまい、その共和主義は消えてしまったわけです。しかし共和主義という江戸末期の発想を今の日本で蘇らせていくことが必要なのではないでしょうか。
それはただ単に民主主義の多数決で結論を出せばいいという話ではなく、「やはりみんなが参加し、みんなで徹底的に議論する政治をつくり上げていこうではないか」という方向なのです。だから前川さんも逃げないでください。

**前川**　私も現に立憲民主党や共産党の人に頼まれて野党統一候補の選挙応援もしています。

**鳩山**　それは知っています。他人の応援だけでなく自分の応援をしていただきたい。傍観して投票すればいいというところに留まらないで、みんなが参加し協力して、特に菅政権はとんでもないと思っている人たち、新しい世の中をつくろうという発想の人たち、そういう人たちがやはり集まっていかないといけません。

**植草**　最終的には前川さん自身がお決めになることなのですが、前川さんのようなリーダーが必要だということを私は本当に痛切に感じています。十分な見識、学識を備えているなかで弱者の視点を極めて大切にされている。そのうえ豊富な行政経験を持たれています。前川さんの提示する考え方に本当に多くの市民が賛意を送っています。

**前川**　この対談の顔ぶれもやはりかなり古いですよ。私は、もっと若い人、特に女性が政治に出ていくべきだと思っています。政治に参加する女性たちをもっと発掘していかなければなりません。

**鳩山**　そういう女性は私が探し出して前川さんに協力していただこうと思います。前川さんが政権を取って、事実と違うことを公表した菅さんの責任も問えばいいではないですか。
**前川**　新しい政権はお支えしたいですけれども、私が前に出るつもりはありません。
**孫崎**　しかし新しい人たちの顔になれる人は前川さんのほかにいるでしょうか。
**植草**　孫崎さんがいわれたように新しい政治にはやはり起爆力が必要です。ぜひ前川さんに一肌脱いでいただきたく思います。それは多くの人が思っていることです。私は前川さんに鳩山さんと手を組んで、政治の刷新のために一肌脱いでいただくことで日本が大きく変わっていくと思っています。
**前川**　私は政治家にはなりません。タスキを掛けて街頭で自分の名前を連呼するなんてことは、死んでもやりたくないのです。
**鳩山**　前川さん、大丈夫です。候補者本人は自分の名前を連呼なんかしませんよ。それに前川さんなら、タスキをかける必要はありませんよ。
　選挙のやり方は古臭いと思います。新聞やテレビよりネットの時代になってきましたし、コロナ禍では大勢の人を集めることは難しいでしょうから、選挙のやり方も変わらなければならない時期であるとも思います。しかし政治を変えなければいけないと思っている人々が、政治に対する影響力を持っているにもかかわらず、政治に直接参加をしなければ、結局のところ政治は動かず、既得権を持った人々の言いなりになるばかりです。

私はこの本を読んでくださった方々が、アメリカの意のままになっている官邸や官邸のお友だちのための政治から、政治を国民の手に取り戻すために、今一度それぞれの方法で何らかの行動を取ってくださることを心から期待しています。

最後までお読みくださったことに感謝いたします。

# おわりに

## 絶望的な状況ではあるが、絶望は敗北である

植草一秀

２００９年の秋に鳩山内閣が誕生して12年が経過する。日本の主権者が選挙での投票行動を通じ、自らの意思で新しい政権を樹立した偉業だった。総選挙投票率は７割に迫る高さを示した。私は選挙の日程に合わせて身柄を拘束されたが、不自由な場から日本政治の刷新を祈念した。鳩山氏に私信を繰り返し発信したことが鮮明に思い返される。

その鳩山内閣がわずか８カ月で破壊された。政権刷新を牽引した鳩山友紀夫氏、小沢一郎氏に対する人物破壊工作は猖獗《しょうけつ》を極めた。対米隷属、官僚主権、大資本による政治支配の構造を刷新しようとしたために鳩山内閣は既得権勢力の総攻撃を受けた。政権転覆の原動力は民主党内部にも潜んでいた。

２０１０年６月に樹立された菅直人内閣とこれに続く野田佳彦内閣は既得権勢力による傀儡《かいらい》政権に変質したものだった。対米隷属に回帰し、天下り根絶なき消費税増税阻止の公約は反故《ほご》にされ、民主党を軸にする政権は国民の支持を失った。

歴史は勝者によってつくられる。爾来《じらい》、2009年に樹立された鳩山内閣の価値が正しく伝えられずに今日に至っている。鳩山内閣が目指したものは何であったのか、鳩山内閣の正統性がどこに存在するのかを明らかにするために2012年に『「対米従属」という宿痾』（飛鳥新社）が著された。

しかしながら、鳩山氏に対する執拗《しつよう》な人物破壊工作はいまも已《や》むことなく継続されている。このことは鳩山氏が依然として既得権勢力から警戒され続けている証左であるといえる。出る杭は打たれるというが、打たれても出る杭にならなければ現実を変えることはできない。

公約を踏みにじる消費税増税法を制定した野田内閣は2012年12月に自爆解散を強行。大政を安倍晋三自公に奉還した。9年の時間が経過して日本は変わり果ててしまった。憲法改定の手続きを踏まずに憲法解釈が改変されて日本は「戦争をしない国」から「戦争をする国」に改変されつつある。福島原発事故を収束しないまま原発再稼働が推進されている。

経済政策では2001年に登場した小泉内閣が米国の指令で持ち込んだ新自由主義・市場原理主義が継承・強化され、いまや日本は世界有数の格差大国、新しい貧困問題にあえぐ国に変質してしまった。

それだけではない。政治の私物化、劣化が目を覆うばかりの状況を呈している。森友、加計、桜を見る会疑惑は適正な責任処理が行われることなく残存し続けている。政府の最大の責務は国民の命と健康を守ることだが、国民の命と健康を犠牲にして、ＧｏＴｏや五輪などの利権事業だけが推進され、深刻な医療崩壊が生じる事態がもたらされている。

絶望的な現状に対して希望の灯が揺らいでいる。しかし、絶望は敗北である。マーティン・ルーサー・キング牧師が「私には夢がある」と述べて前進を続けたように、希望の灯を絶やすことなく前に向かって進み続けなければならないと思う。希望の灯は確実に存在する。日本政治を良いものに変えようとする人々の思いがある以上、希望の灯が絶えることはない。

本当のことを述べる者、現実を是正するために行動する者は攻撃の対象になる。権力は警察・検察・裁判所の刑事司法を不当に支配し、メディアコントロールによって情報空間を支配するから、危険人物は権力者の攻撃の標的にされ、激しい攻撃を受ける。しかし、人類の制度革新の歴史が示すように、その攻撃を乗り越えてこそ初めて変革は実現する。

戦争と原発を推進し、弱肉強食を推進する日本の現状を、平和と原発ゼロ、誰もが笑顔で生きてゆける社会に変革することを求める多数の同志が確実に存在する。民主主義政治制度の下で人々が連帯することによって困難な目標を必ず実現できると確信する。

日本の良心と表現して間違いない三名の敬愛する方と日本が直面する重要課題について論議する機会を賜ったことに心からの感謝を申し上げたい。日本の世直しを実現するためには十分な考察が必要不可欠だ。このたびの有益な論議がこれからの日本政治刷新に大いなる力を与えると確信する。内閣総理大臣として日本刷新に向けての大きな足跡を残された鳩山元首相、戦後史の正体を明らかにして、日本外交のあり方を根本から正すことに圧倒的に影響力のある発言を示してこられた孫崎氏、文科省事務次官という官僚機構のトップを経験されるなかで政治権力に対して、ひるむことなく正々堂々の言説を提示してこられた前川氏。これらの諸先生との論議の末席を汚させていただいたことに心よりの感謝を申し上げたい。

私は人物破壊工作によって社会的生命に甚大な攻撃を受けたが、すべての事案が正真正銘の冤罪事案である。真実は必ず明るみにしなければならないと考えている。人物破壊工作を受けたこの身を貴重な論議の一角に交えてくださった諸氏の寛容にも深く感謝している。

日本の世直しを実現するには深い考察だけでは十分でない。考察に基づく実践、行動が必要になる。重要な論議を提示くださった三名の先生には実践と行動においても、ぜひ大きな力を発揮賜りたいと一人の市民として思う。もちろん、女性の力、若者の力が発揮されることも必要不可欠だ。

多くの同志の力を得て、必ず日本政治の刷新を実現しなければならない。誠に微力ではあるが私も一人の市民として目標に向かって尽力していきたいと考えている。最後に鳩山元首相からご提案のあった本企画の実現を快諾くださったビジネス社の唐津隆社長ならびに著書刊行にご尽力くださった関係者のみなさまにこの場をお借りして深謝申し上げたい。

著者略歴

**鳩山友紀夫**（由紀夫）（はとやま・ゆきお）
1947年東京生まれ。東京大学工学部計数工学科卒業、スタンフォード大学工学部博士課程修了。東京工業大学経営工学科助手、専修大学経営学部助教授。1986年総選挙で旧北海道４区（現９区）から初当選。1993年自民党を離党、新党さきがけ結党に参加。1996年鳩山邦夫氏らとともに民主党を結党する。2009年民主党代表。第45回総選挙後、民主党政権初の第93代内閣総理大臣に就任。政界引退後、2013年3月一般財団法人東アジア共同体研究所を設立、理事長に就任。著書『「対米従属」という宿痾』（飛鳥新社）、『新憲法試案――尊厳ある日本を創る』（PHP研究所）、『沖縄自立と東アジア共同体』（花伝社）、『脱大日本主義』（平凡社）（中・韓で出版）など多数。2021年6月、米国『THE WASHINGTON QUARTERLY』誌（SUMMER21）に「US-China Rivalry and Japan's Strategic Role」を投稿。他、公益財団法人友愛理事長、日ロ協会最高顧問など。

**孫崎享**（まごさき・うける）
1943年旧満州国鞍山生まれ。1966年東京大学法学部を中退し、外務省に入省。英国、ソ連、米国、イラク、カナダ駐在を経て、情報調査局分析課長、駐ウズベキスタン大使、国際情報局長、駐イラン大使を歴任。2002年から2009年まで防衛大学校教授。ツイッターのフォロワーは約14万人。さらにニコニコ動画を発信するなどソーシャル・メディアに注力。『日本外交 現場からの証言』（中公新書）で山本七平賞を受賞。著書はほかに『日米同盟の正体 迷走する安全保障』（講談社現代新書）、『戦後史の正体』（創元社）、『朝鮮戦争の正体』（祥伝社）、『日本国の正体』（毎日新聞出版）などがある。

**前川喜平**（まえかわ・きへい）
1955年奈良県生まれ。東京大学法学部卒業後、文部省入省。宮城県教育委員会行政課長、日本政府ユネスコ常駐代表部一等書記官、文部大臣秘書官、中央省庁等改革推進本部参事官、文部科学省大臣官房長、初等中等教育局長などを経て、2016年6月より文部科学事務次官。2017年1月、違法天下り斡旋問題で引責辞任。現在、日本大学文理学部で教鞭をとるほか、福島市と厚木市の自主夜間中学でボランティア講師を務める。著書に『面従腹背』『権力は腐敗する』（いずれも毎日新聞出版）、『前川喜平「官」を語る』（宝島社）、『官僚の本分』（かもがわ出版）、『この国の「公共」はどこへゆく』（花伝社）などがある。

**植草一秀**（うえくさ・かずひで）
1960年東京都生まれ。東京大学経済学部卒。大蔵事務官、京都大学助教授、米スタンフォード大学フーバー研究所客員フェロー、早稲田大学大学院教授などを経て、現在、スリーネーションズリサーチ株式会社代表取締役、政策連合（オールジャパン平和と共生）運営委員。事実無根の冤罪事案による人物破壊工作にひるむことなく言論活動を継続。人気政治ブログ&メルマガ「植草一秀の『知られざる真実』」を発行。1998年日本経済新聞社アナリストランキング・エコノミスト部門1位。『日本を直撃する「複合崩壊」の正体』（ビジネス社）、『現代日本経済政策論』（岩波書店、石橋湛山賞受賞）、『アベノリスク』（講談社）、『国家はいつも嘘をつく』（祥伝社）、『25%の人が政治を私物化する国』（詩想社）など著書多数。

# 出る杭の世直し白書

2021年10月14日　第1刷発行

著　者　　　　鳩山友紀夫 孫崎享 前川喜平 植草一秀
発行者　　　　唐津 隆
発行所　　　　株式会社ビジネス社
〒162-0805　東京都新宿区矢来町114番地 神楽坂高橋ビル5階
電話　03(5227)1602　FAX　03(5227)1603
http://www.business-sha.co.jp

印刷・製本　大日本印刷株式会社
〈カバーデザイン〉大谷昌稔
〈本文組版〉茂呂田剛(エムアンドケイ)
〈編集協力〉尾崎清朗
〈撮影〉牟田義仁
〈編集担当〉本田朋子
〈営業担当〉山口健志


ISBN978-4-8284-2332-6